DICTIONNAIRE
Français-Anglais

Illustré par
Rachael O'Neill

Traduit par
Jean-Luc Barbanneau

Les Deux Souris

Présentation

Ce dictionnaire illustré est fait pour toi qui débutes en anglais. Tu y trouveras des doubles pages thématiques. Des petits dessins sont présentés tout autour de l'illustration centrale. Ils reprennent chaque élément de la scène pour te permettre de situer les mots anglais dans leur contexte.

Pour t'aider, un index récapitule tous les mots anglais que tu as pu rencontrer, avec leur traduction française, à la fin du dictionnaire.

Genre et nombre

En anglais, les mots ne sont attribués ni au genre féminin, ni au genre masculin. Ils sont donc toujours précédés du même article défini « the ».

the rabbit	**the house**
le lapin	la maison

Ils peuvent également n'être précédés d'aucun article :

rabbit	**house**
le lapin	la maison

é à î ç

Au pluriel, l'article reste inchangé. En revanche, le nom prend un s :

the rabbits	**the houses**
les lapins	les maisons

En anglais, il n'existe ni accent, ni tréma, ni cédille.

Coordination de l'édition française : Philippe Brunet / PHB

ISBN 2-84892-051-3
Dépôt légal : septembre 2005

Imprimé en Chine

Sommaire / Contents

Sommaire		Contents
Les vêtements	4	Your clothes
Dans la chambre	6	In the bedroom
Dans la salle de bains	8	In the bathroom
Dans la cuisine	10	In the kitchen
Dans la salle de séjour	12	In the living room
La nourriture	14	Food
Les animaux familiers	16	Pets
Le jeu	18	Play
Dans le jardin	20	In the garden
À l'école	22	At school
Au parc	24	In the park
Le chantier	26	On the building site
À la ville	28	In the town
À la ferme	30	On the farm
Les voyages	32	Travelling
À la plage	34	On the beach
Sous l'eau	36	Underwater
Les animaux sauvages	38	Wild animals
La fête	40	Having a party
La monde des histoires	42	World of stories
Les formes et les couleurs	44	Shapes and colours
Les saisons	46	Seasons
Les jours et les mois	48	Days and months
Dictionnaire Anglais-Français	49	English-French Dictionary
Dictionnaire Français-Anglais	73	French-English Dictionary

Les vêtements
Your clothes

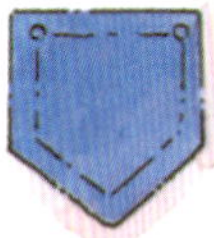

la poche
pocket

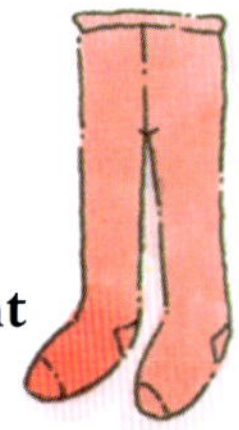

le collant
tights

le T-shirt
T-shirt

le sweat-shirt
sweatshirt

le col
collar

la chemise
shirt

l'anorak (m)
anorak

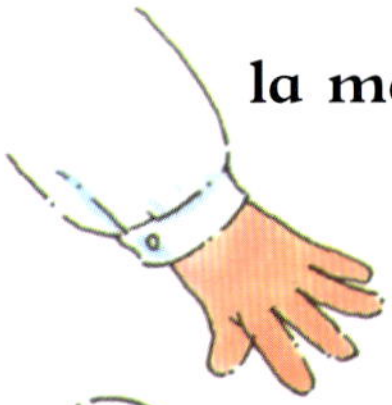

la manchette
cuff

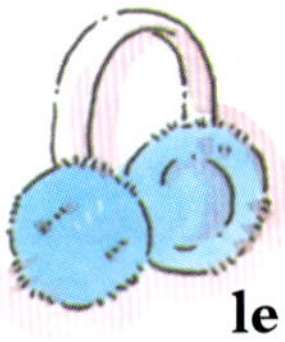

le cache-oreilles
ear muffs

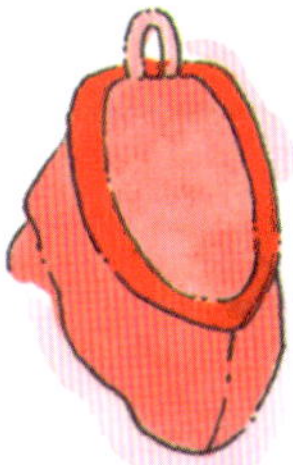

le capuchon
hood

le lacet
lace

les tennis (f)
trainers

les bretelles (f)
braces

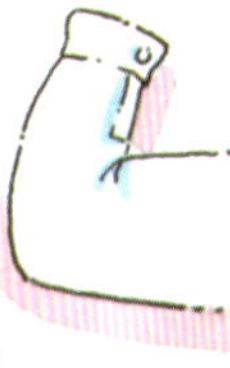

la manche
sleeve

le maillot de corps
vest

la chaussure
shoe

la moufle
mitten

le slip
pants

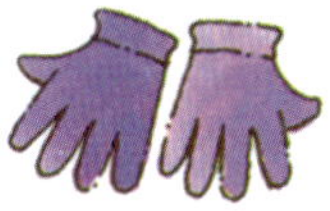

le gant
glove

la robe de chambre
dressing gown

le cordon
cord

la robe-chasuble
pinafore dress

le nœud
bow

le ruban
ribbon

la boutonnière
buttonhole

le bouton
button

le gilet
cardigan

la fermeture Éclair
zip

le jean
jeans

l'écharpe (f)
scarf

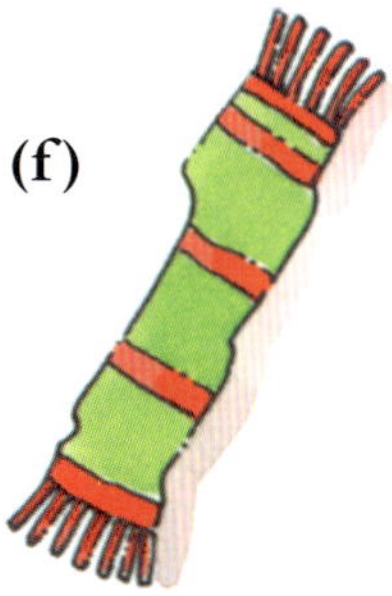

la chaussette
sock

la culotte
knickers

la sandale
sandal

la salopette
dungarees

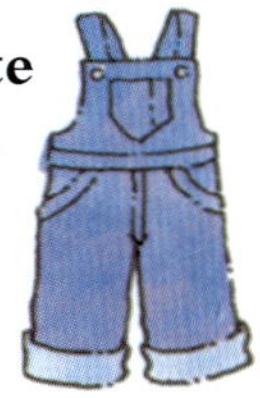

chaussure en toile
plimsole

la robe
dress

la jupe
skirt

la boucle
buckle

la ceinture
belt

le pull
jumper

Dans la chambre
In the bedroom

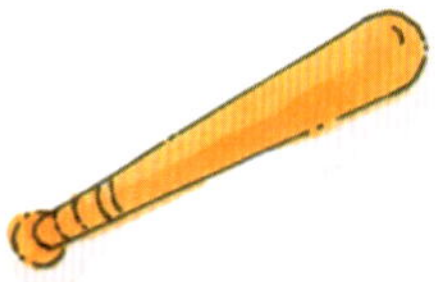

la batte de base-ball
baseball bat

le cartable
satchel

l'ordinateur (m
computer

l'oreiller (m)
pillow

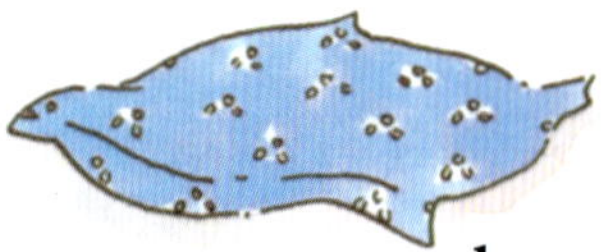

la couette
quilt

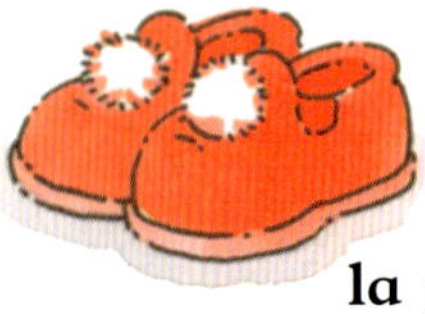

la pantoufle
slipper

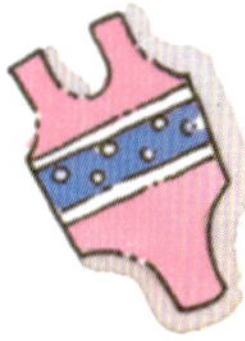

le justaucorps
leotard

le pyjama
pyjamas

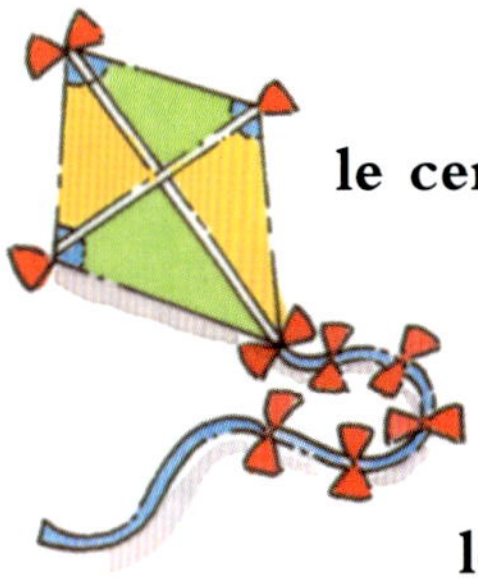

le cerf-volant
kite

l'échelle (f)
ladder

le xylophone
xylophone

la boîte
box

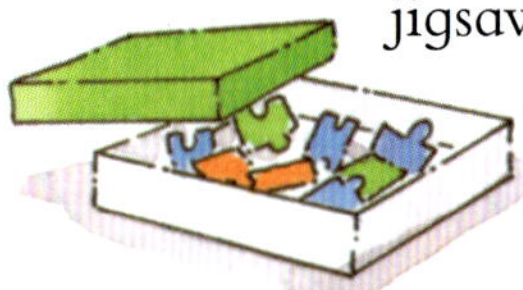

le puzzle
jigsaw puzzle

le livre
book

la maison de poupée
doll's house

le Thermos
Thermos flask

le bureau
desk

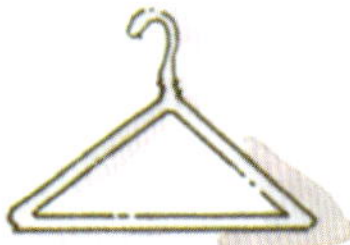

le cintre
hanger

le tambour
drum

le miroir
mirror

l'armoire (f)
wardrobe

le dessin
drawing

la bibliothèque
bookcase

le drap
sheet

la commode
chest of drawers

les vêtements (m) de poupée
doll's clothes

le petit train
train set

le crayon de couleur
crayon

la trousse
pencil case

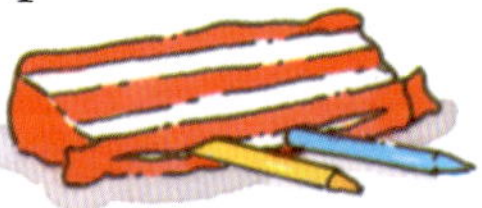

le crayon
pencil

l'album (m) de coloriage
colouring book

le château
castle

Dans la salle de bains

In the bathroom

le pèse-personne
bathroom scales

le rideau de douche
shower curtain

la douche
shower

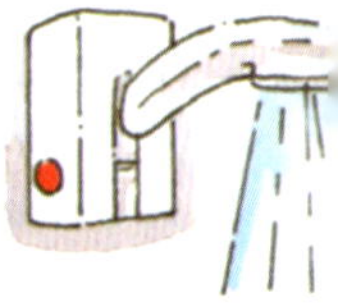

le savon
soap

le bonnet de douche
shower cap

le tapis de bain
bath mat

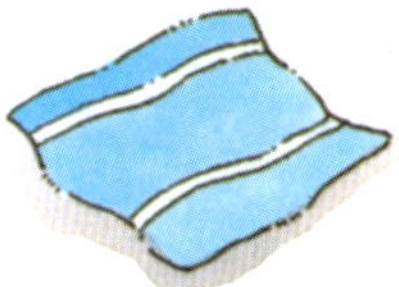

le gant de toilette
flannel

le shampooing
shampoo

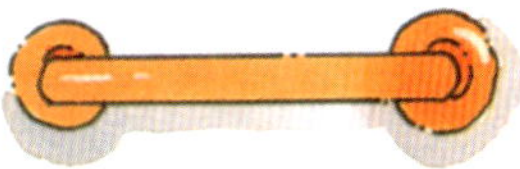

le porte-serviette
towel rail

le panier à linge
laundry basket

la baignoire
bath

le carrelage
floor tile

l'éponge (f)
sponge

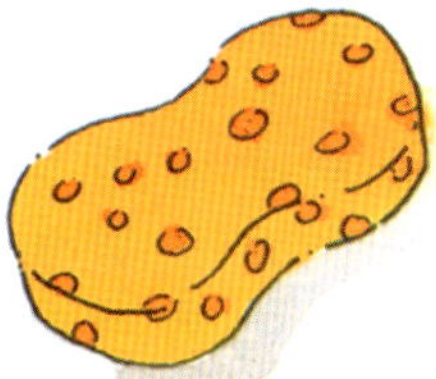

le papier hygiénique
toilet paper

la lunette
toilet seat

l'aérateur (m)
fan

le coton
cotton wool

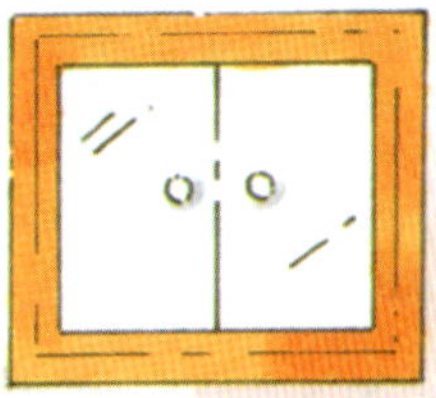

l'armoire (f) à pharmacie
cabinet

le dentifrice
toothpaste

la brosse à dents
toothbrush

le gobelet
beaker

le robinet
tap

le miroir
mirror

le porte-savon
soap dish

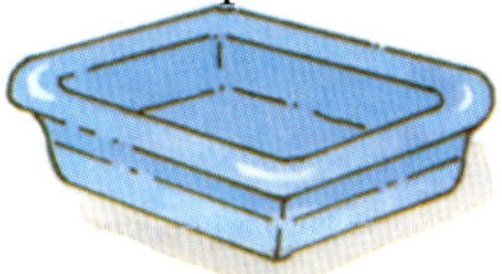

la serviette de bain
bath towel

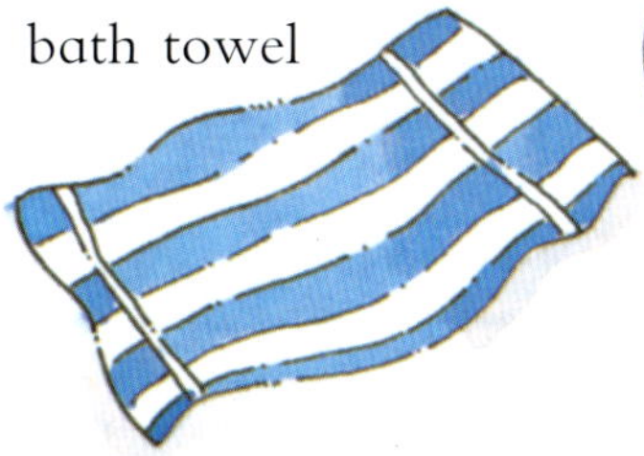

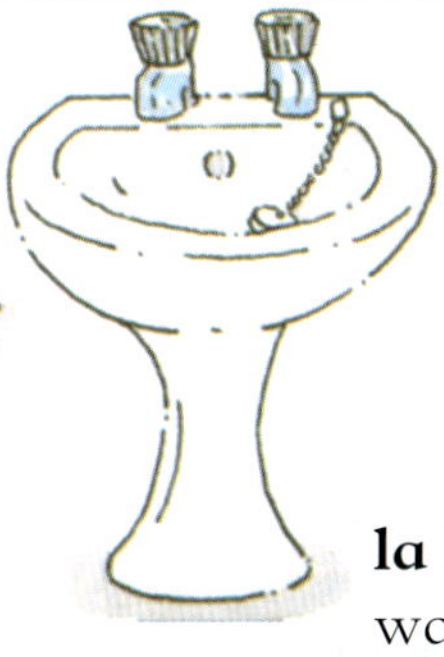

la lavabo
washbasin

le marchepied
stool

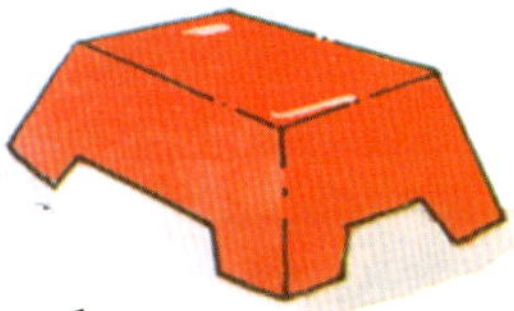

la brosse à ongles
nailbrush

les toilettes (f)
toilet

Dans la cuisine
In the kitchen

le congélateur
freezer

le réfrigérateur
fridge

la machine à laver
washing machine

la bonde
plug

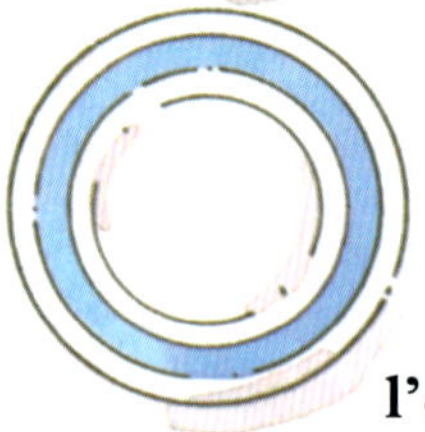

l'assiette (f)
plate

la cuisinière
cooker

le four
oven

la cuillère
spoon

la lumière
light

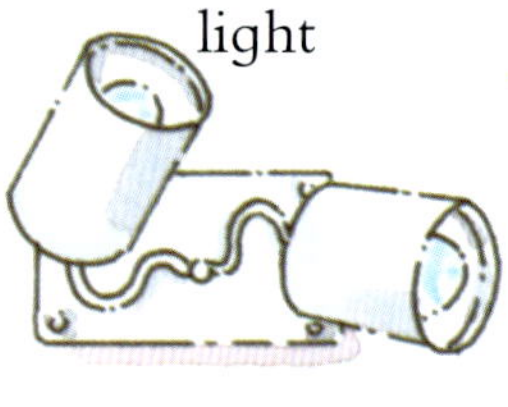

la fourchette
fork

le couteau
knife

la table
table

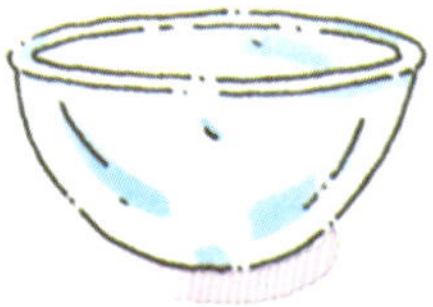

le saladier
bowl

le carrelage
tile

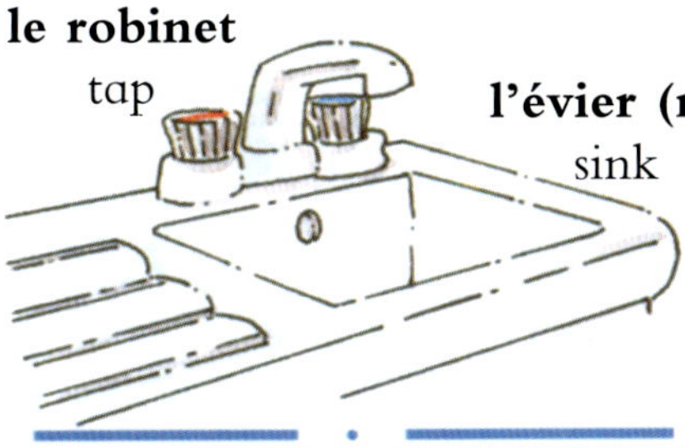

le robinet
tap

l'évier (m)
sink

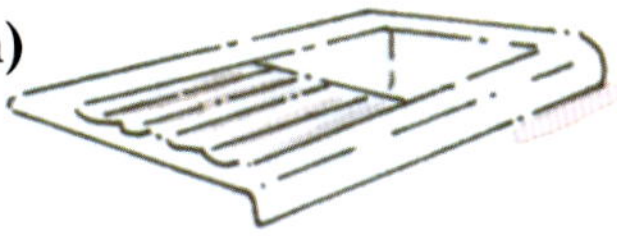

l'égouttoir (m)
draining board

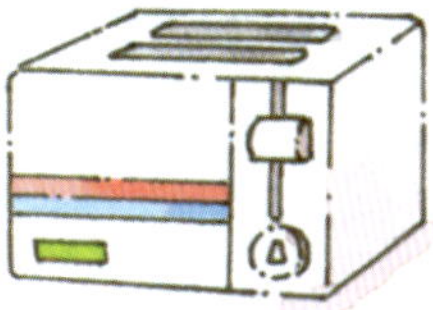

le grille-pain
toaster

la tasse
cup

la poubelle
rubbish bin

l'horloge (f)
clock

la poêle
frying pan

le pichet
jug

le placard
cupboard

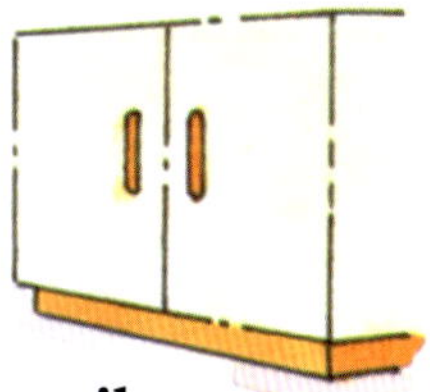

le plan de travail
worktop

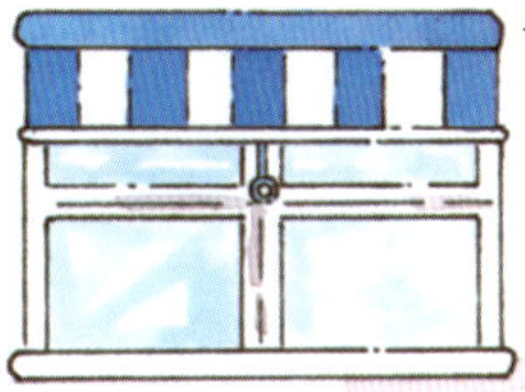

le store
blind

la fenêtre
window

le tabouret
stool

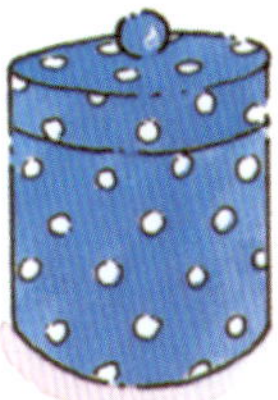

la boîte à biscuits
biscuit tin

le tiroir
drawer

Dans la salle de séjour
In the living room

la peinture
painting

l'antenne (f)
aerial

le magazine
magazine

la tringle à rideau
curtain pole

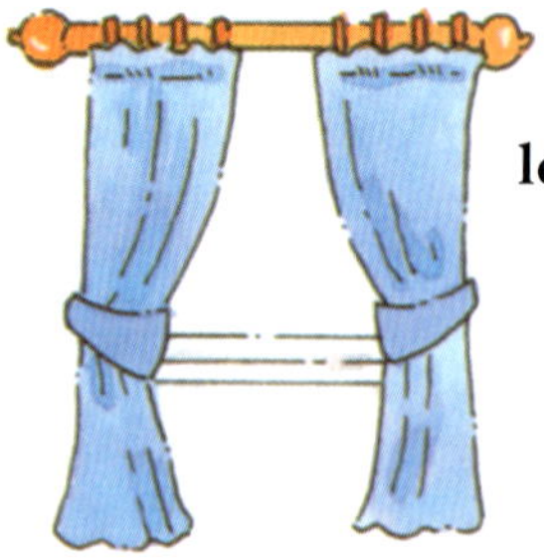

le rideau
curtain

le rebord de fenêtre
windowsill

la photographie
photograph

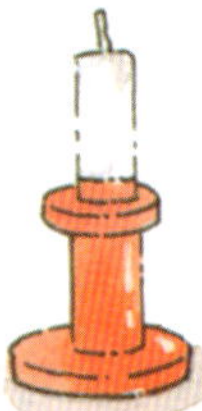

le bougeoir
candlestick

la guitare
guitar

la carpette
rug

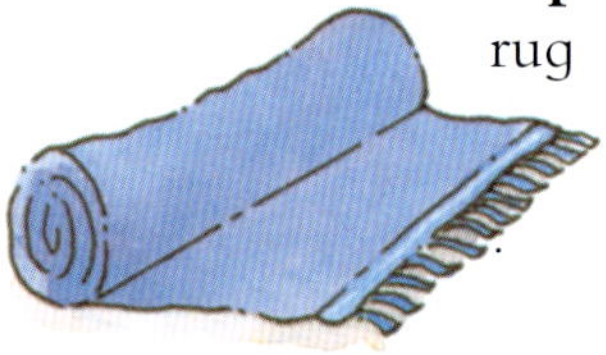

la bande dessinée
comic

le feu
fire

le garde-feu
fireguard

le fauteuil
armchair

le magnétoscope
video recorder

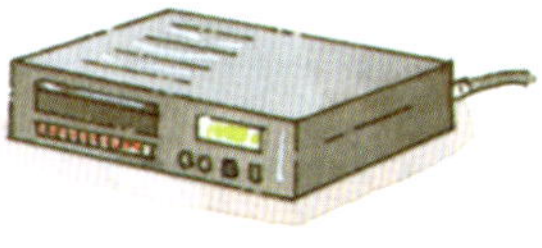

la télévision
television

la radio
radio

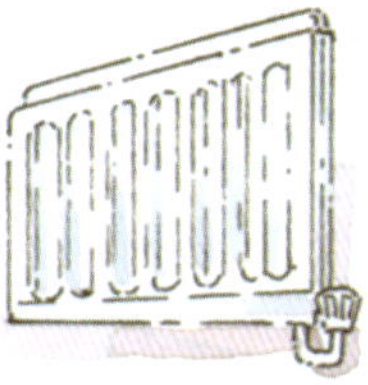

le radiateur
radiator

le téléphone
telephone

la table basse
coffee table

le vase
vase

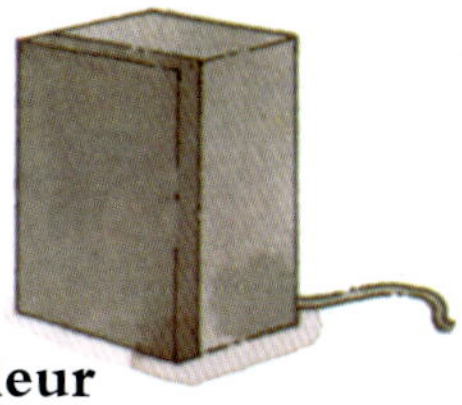

le haut-parleur
loudspeaker

le tourne-disque
record player

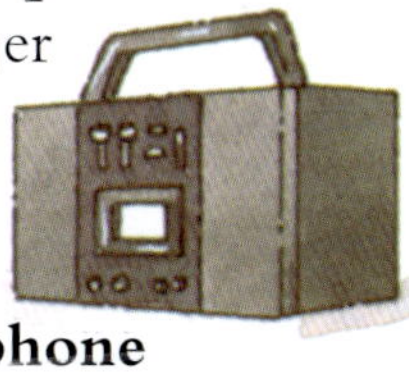

le magnétophone
tape recorder

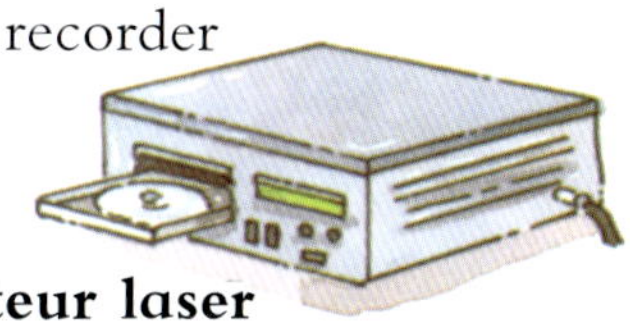

le lecteur laser
compact disc player

la télécommande
remote control

l'abat-jour (m)
lampshade

la lampe
lamp

le dessus de cheminée
mantlepiece

la cheminée
fireplace

le canapé
settee

le tapis
carpet

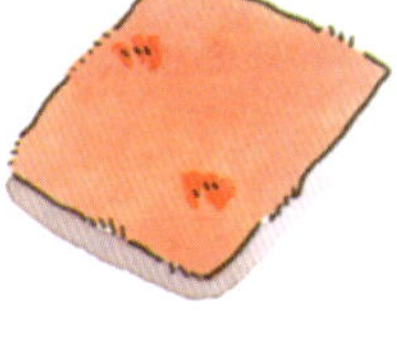

le journal
newspaper

le fauteuil à bascule
rocking chair

La nourriture
Food

l'huile (f)
oil

les spaghettis (m)
spaghetti

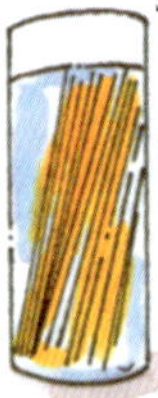

la viande hachée
mince

le poivre
pepper

le sel
salt

l'épice (f)
spice

le fromage
cheese

la soupe
soup

le sucre
sugar

le raisin
grape

la poire
pear

les frites (f)
chips

le hamburger
hamburger

l'œuf (m)
egg

le café
coffee

la confiture
jam

le miel
honey

les chips (f)
crisps

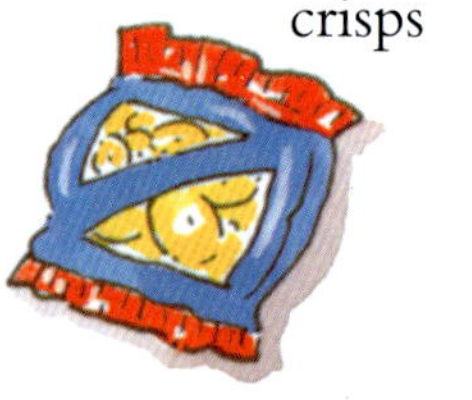

la tomate
tomato

le concombre
cucumber

le vinaigre
vinegar

l'ail (m)
garlic

l'orange (f)
orange

la banane
banana

la pomme
apple

le champignon
mushroom

la pomme de terre
potato

le chou-fleur
cauliflower

la prune
plum

l'oignon (m)
onion

le petit pois
pea

le beurre
butter

la margarine
margarine

s céréales (f)
cereal

le sirop
squash

le jus
juice

le riz
rice

le pain
bread

Les animaux familiers

Pets

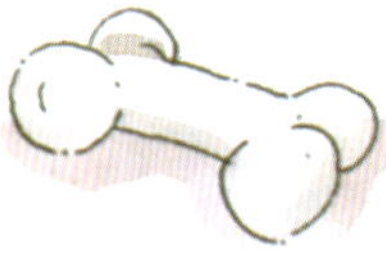

l'os (m)
bone

la litière
bedding

le bec
beak

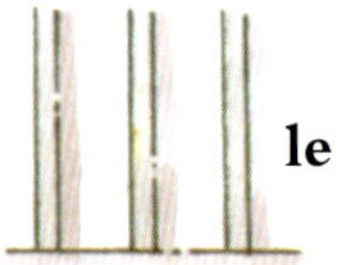

le barreau
bar

la cage du hamster
hamster house

le hamster
hamster

l'algue (f)
seaweed

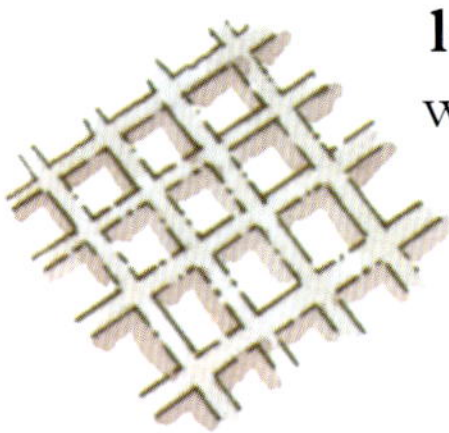

le grillage
wire netting

la gamelle
food bowl

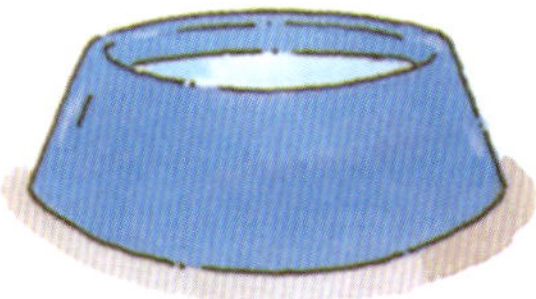

la queue
tail

le chiot
puppy

la roue
wheel

la gourde
water bottle

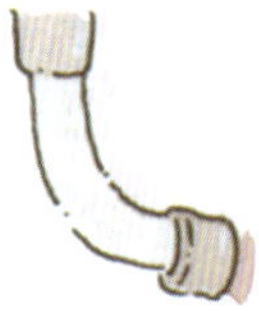

le tube
tube

la nourriture pour chiens et chats
pet food

le lapin
rabbit

le cochon d'Inde
guinea pig

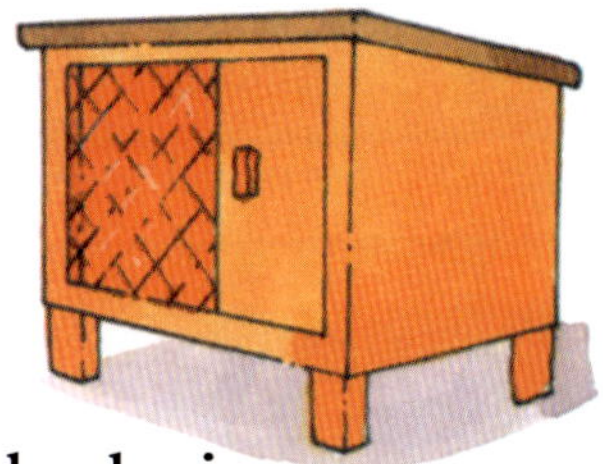

le clapier
hutch

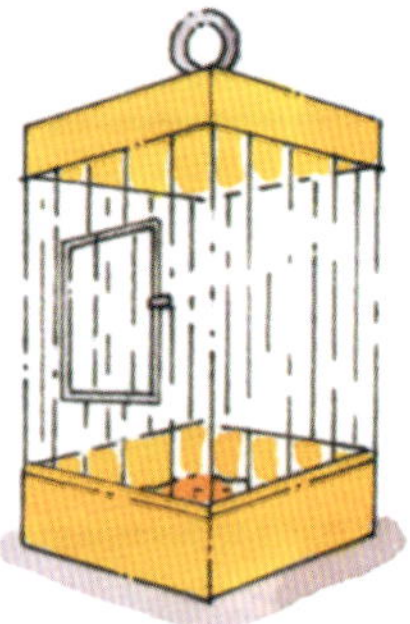

la cage
cage

la gerbille
gerbil

le nichoir
nesting box

le chaton
kitten

la fourrure
fur

la tortue
tortoise

l'aile (f)
wing

le perroquet
parrot

la griffe
claw

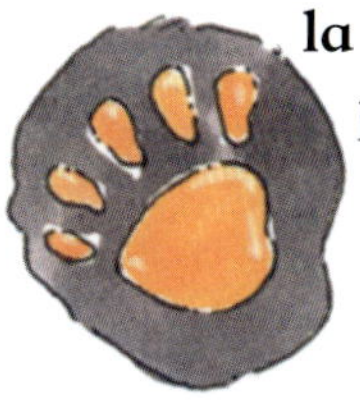

la patte
paw

la perruche
budgerigar

Le jeu
Play

les patins (m) à roulettes
roller skates

le parachute
parachute

la bande
bandage

le vaisseau spatial
spacecraft

le skate-board
skateboard

la tenue de cow-boy
cowboy outfit

la corde à sauter
skipping rope

le ballon de football
football

l'arche (f) de Noé
Noah's ark

le gobelet
beaker

le dé
dice

le jeu de société
board game

la bille
marble

le yo-yo
yo-yo

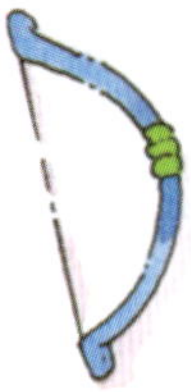

l'arc (m)
bow

la flèche
arrow

le tableau noir
chalkboard

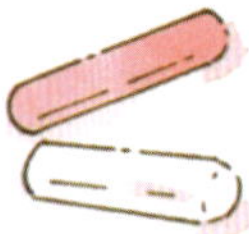

la craie
chalk

le Légo
Lego

la cible
target

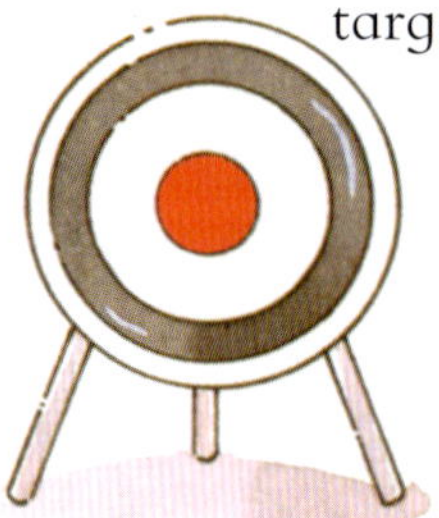

la pâte à modeler
modelling clay

la tente
tent

la marionnette à gaine
glove puppet

la montre
watch

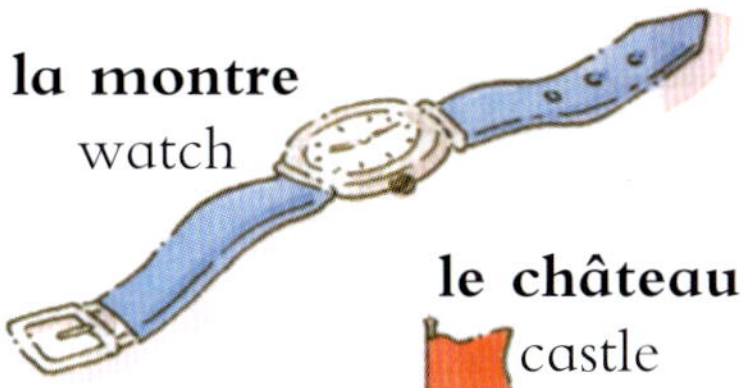

le château
castle

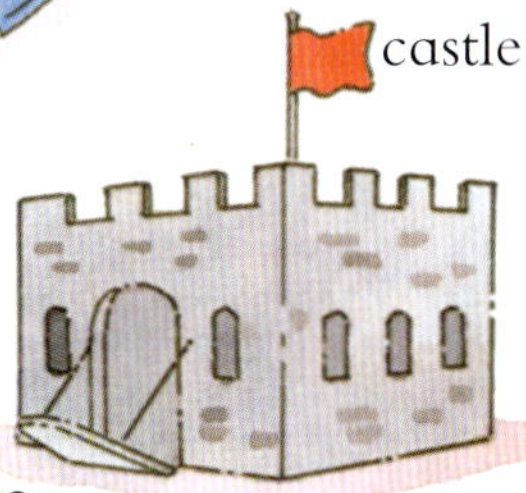

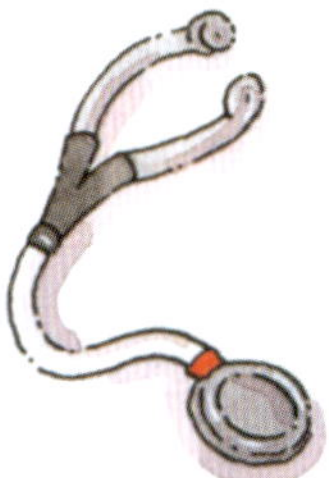

le stéthoscope
stethoscope

la sacoche de médecin
doctor's bag

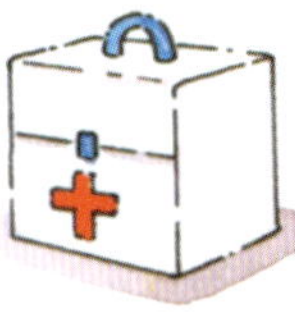

la tenue de médecin
doctor's outfit

la tenue d'infirmière
nurse's outfit

la ferme miniature
toy farm

Dans le jardin
In the garden

le tuyau d'arrosage
hose

le tricycle
tricycle

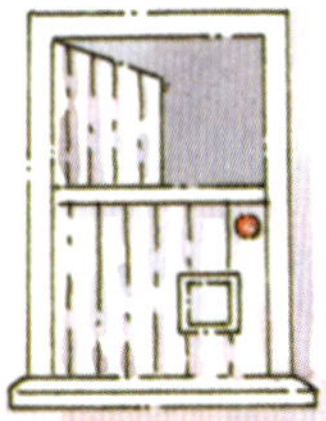
la porte de derrière
backdoor

la marche
step

la chatière
cat flap

la plate-bande
flower bed

la bordure
border

la pelouse
lawn

la mangeoire
bird table

la cacahuète
peanut

la noix de coco
coconut

la souche d'arbre
tree stump

le pissenlit
dandelion

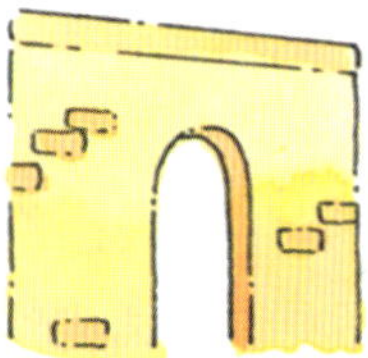
le mur
wall

le balai
broom

la fourche
garden fork

la botte
boot

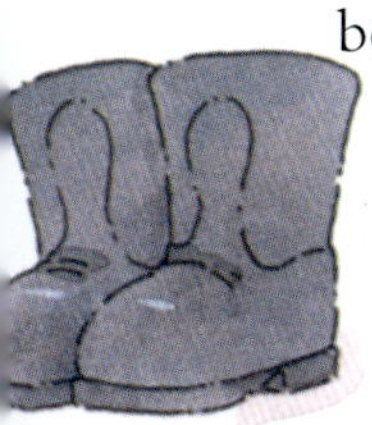

la mauvaise herbe
weed

la famille
family

la chute d'eau
waterfull

le jardin de rocaille
rock garden

le nénuphar
waterlily

le jardin sauvage
wild garden

les oiseaux (m) du jardin
garden birds

la cabane
shed

l'arbuste (m)
shrub

l'allée (f)
terrace

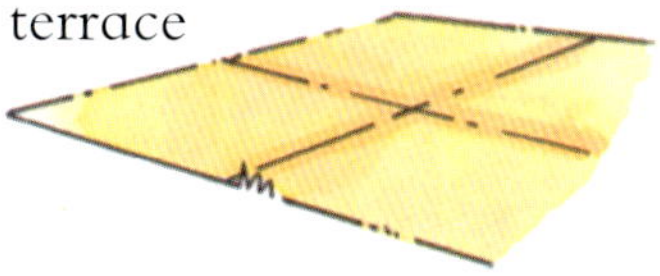

a tondeuse
lawnmower

le râteau
rake

le déplantoir
trowel

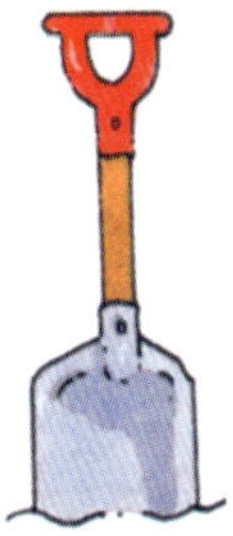

la pelle
spade

le pot de fleurs
flowerpot

la jardinière
window box

À l'école
At school

la feuille
leaf

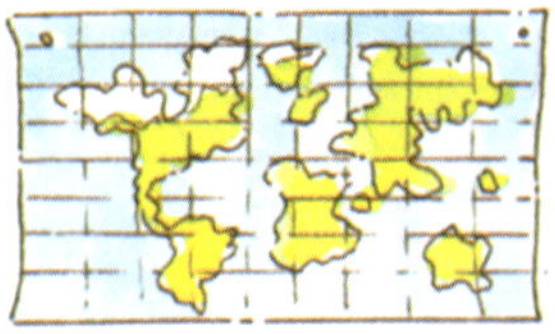

la carte
map

le lecteur (m)
la lectrice (f)
reader

l'ordinateur (m)
computer

le porte-manteau
peg

le manteau
coat

le coin nature
nature table

le coffre à jouets
toy box

la corbeille à papier
wastepaper bin

l'argile (f)
clay

la peinture
paint

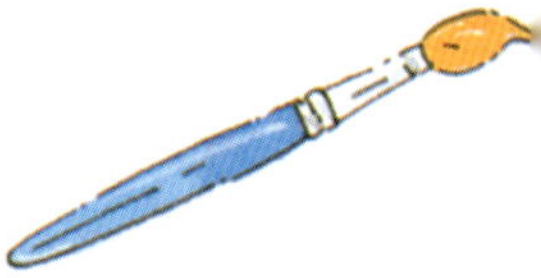

le pinceau
paintbrush

le fossile
fossil

la punaise
drawing pin

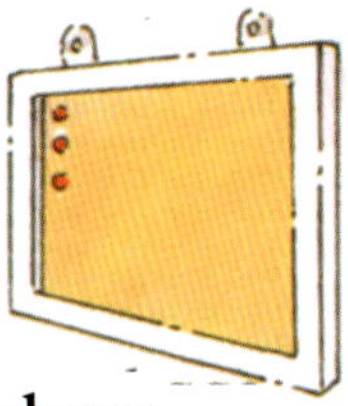

le panneau d'affichage
pinboard

la gomme
rubber

les ciseaux (m)
scissors

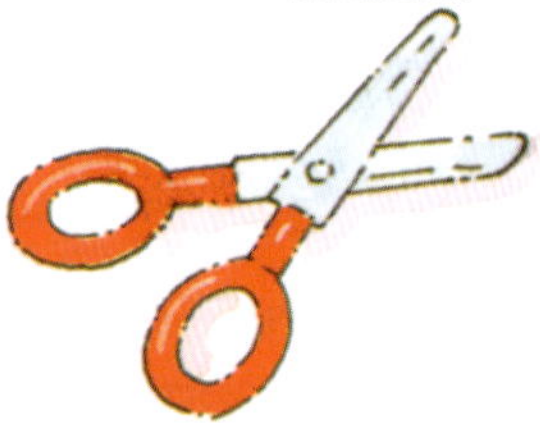

l'instituteur (m)
l'institutrice (f)
teacher

la brosse à colle
paste brush

la règle
ruler

la colle
paste

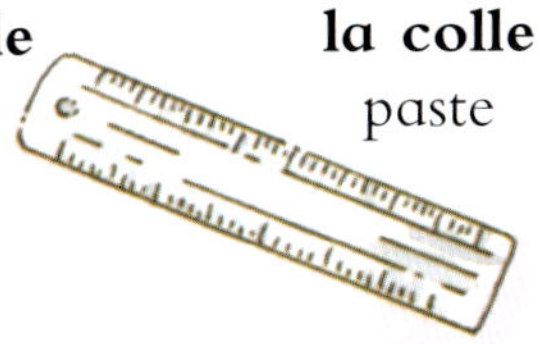

le support visuel
flashcard

la bibliothèque
library

le jeu de construction
building block

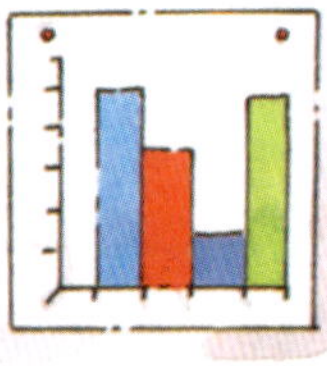

le diagramme
chart

la maquette
cardboard model

l'alphabet (m)
alphabet

les chiffres (m)
numbers

Au parc
In the park

le café
café

le landau
pram

la pente
slope

le court de tennis
tennis court

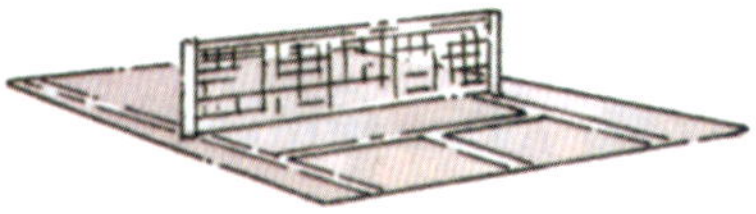

le hochet
rattle

le bébé
baby

la poussette
pushchair

le manège
roundabout

la cage à poules
climbing frame

le toboggan
slide

l'aire de jeu (f)
playground

la balle de tennis
tennis ball

la balançoire
seesaw

le bac à sable
sandpit

la laisse
lead

le pigeon
pigeon

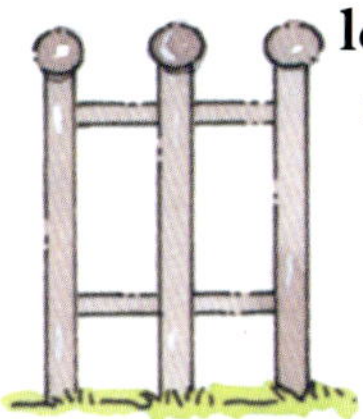

la grille
railing

le buisson
bush

la pancarte
notice

le chapeau
hat

le banc
bench

le gardien de parc
park keeper

la poubelle
rubbish bin

le parasol
umbrella

le fauteuil
chair

l'île (f)
island

le portillon
gate

le guidon
handlebars

la selle
saddle

le vélo
bicycle

la pédale
pedal

le pneu
tyre

le bassin
pond

le petit bateau
toy boat

le cadenas
padlock

Le chantier
On the building site

l'échafaudage (m)
scaffolding

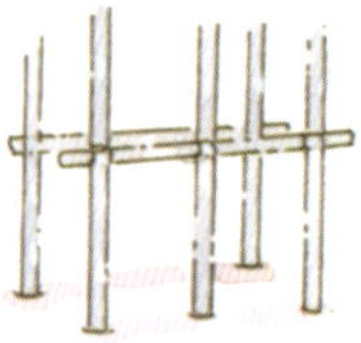

le camion-benne
tipper truck

le goudron
tarmac

la tour
tower block

la pelleteuse
digger

le rouleau
steamroller

le compresseur
compressor

le chargeur
loader

le maçon
bricklayer

la brique
brick

le dumper
dumper truck

la brouette
wheelbarrow

la roue
wheel

le marteau pneumatique
pneumatic drill

le charpentier
carpenter

le camion malaxeur
concrete mixer

la grue
crane

le casque de sécurité
safety hat

la combinaison
overalls

le maçon
builder

la benne
skip

le sable
sand

le toit
roof

le pare-brise
windscreen

le volant
steering wheel

le bulldozer
bulldozer

la bétonnière
cement mixer

la voiture de pompiers
fire engine

la semi-remorque
articulated lorry

À la ville
In the town

le passage pour piétons
crossing

l'hôtel (m) de ville
town hall

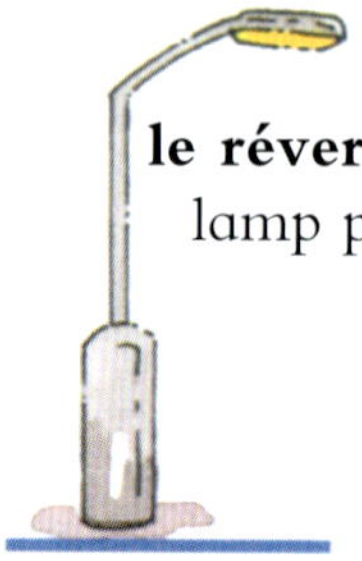

le réverbère
lamp post

l'ambulance (f)
ambulance

l'hôpital (m)
hospital

la voiture
car

l'agent de police (m)
police officer

le contractuel (m)
la contractuelle (f)
traffic warden

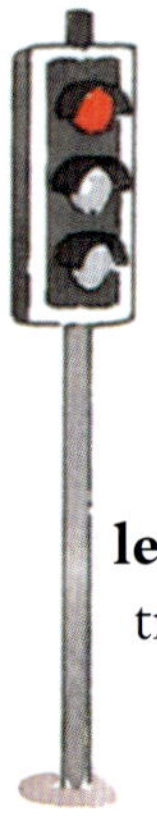

les feux (m)
traffic lights

le fauteuil roulant
wheelchair

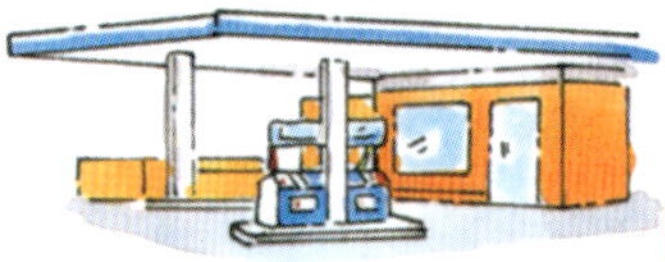

la station-service
petrol station

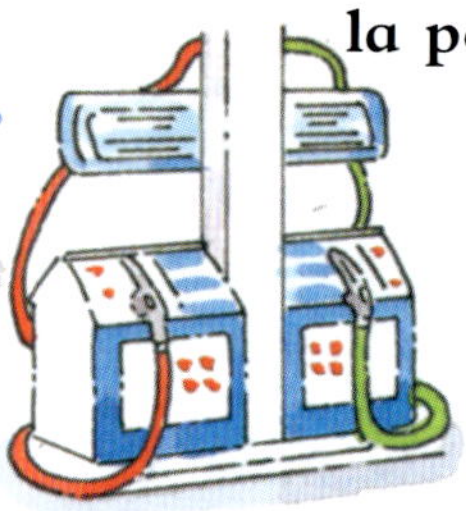

la pompe à essence
petrol pump

le camion
truck

le conducteur d'autobus
bus driver

l'autobus (m)
bus

la maison
house

l'arrêt (m) d'autobus
bus stop

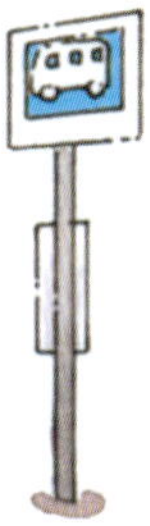

le poteau télégraphique
telegraph pole

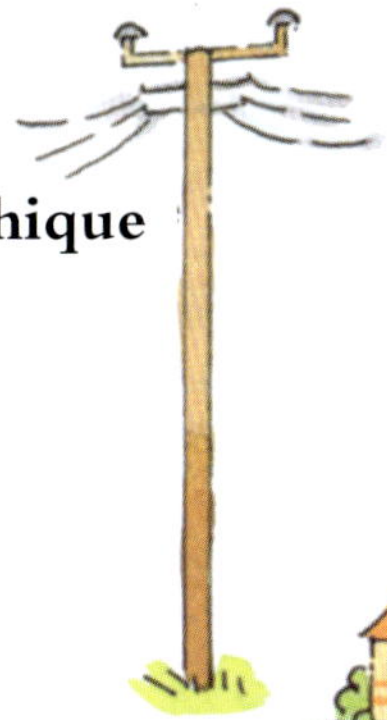

le garage
garage

l'abri (m)
shelter

le laveur de vitres
window cleaner

le parking
car park

la banque
bank

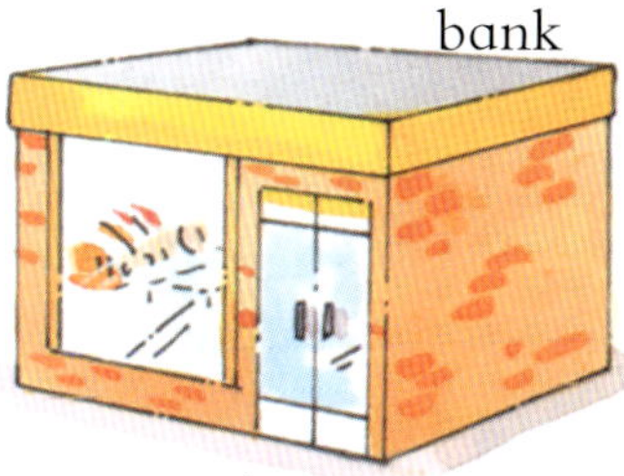

le supermarché
supermarket

le magasin
shop

le magasin de jouets
toy shop

le facteur
postman
postwoman

le taxi
taxi

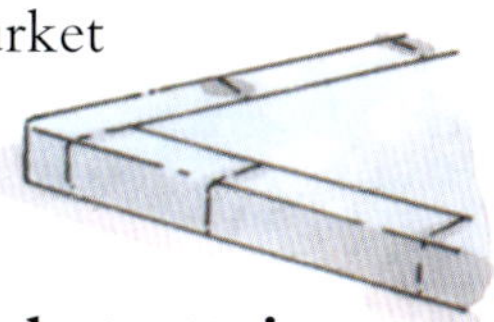

le trottoir
pavement

À la ferme
On the farm

le foin
hay

le fossé
ditch

le poulain
foal

le cheval
horse

le taureau
bull

la porcherie
pig sty

le cochon
pig

le porcelet
piglet

la grange
barn

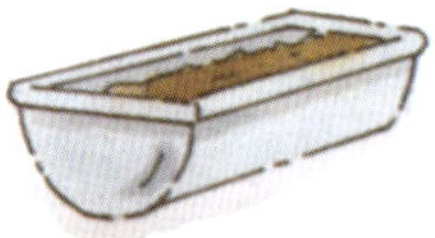

l'auge (f)
trough

le chien de berger
sheepdog

le fermier
farmer

la vache
cow

le veau
calf

l'oie (f)
goose

l'oison (m)
gosling

l'écurie (f)
stable

l'épouvantail (m)
scarecrow

le tracteur
tractor

la remorque
trailer

la poule
hen

le poussin
chick

le poulailler
hen house

l'étable (f)
cowshed

le mur
wall

la barrière
gate

le verger
orchard

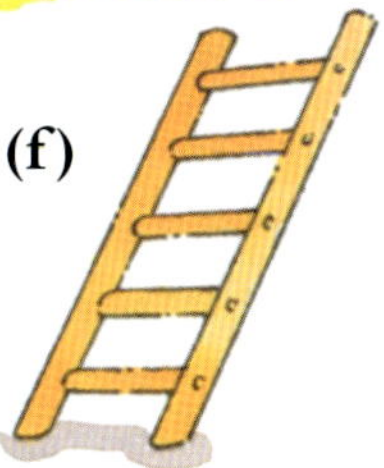

l'échelle (f)
ladder

la cour de ferme
farmyard

le mouton
sheep

l'agneau (m)
lamb

le camion
truck

le canard
duck

le caneton
duckling

la mare aux canards
duck pond

Les voyages
Travelling

l'hélicoptère (m)
helicopter

le voilier
sailing boat

le lac
lake

la montgolfière
hot air ballon

la voile
sail

le yacht
yacht

le canoë
canoe

le pont
bridge

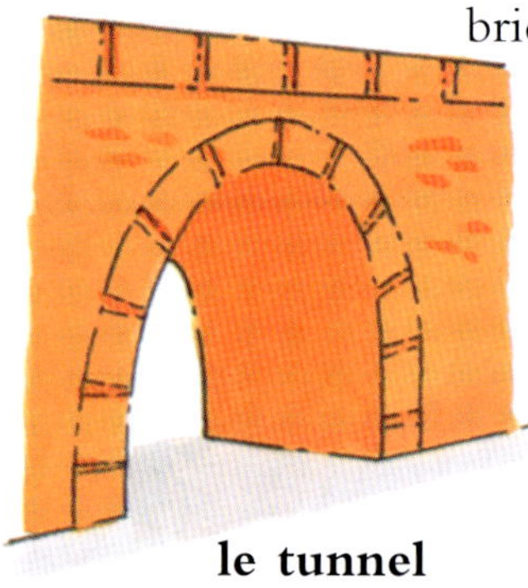

le tunnel
tunnel

la voiture
car

le canal
canal

la péniche
canal boat

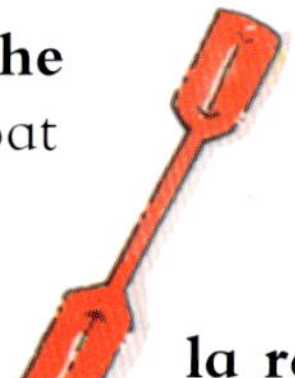

la rame
oar

l'avion (m)
aeroplane

le ferry
ferry boat

la pale du rotor
rotor blade

l'aéroglisseur (m)
hovercraft

l'aéroport (m)
airport

la moto
motorbike

la gare
station

le quai
platform

le billet
ticket

le chef de gare
guard

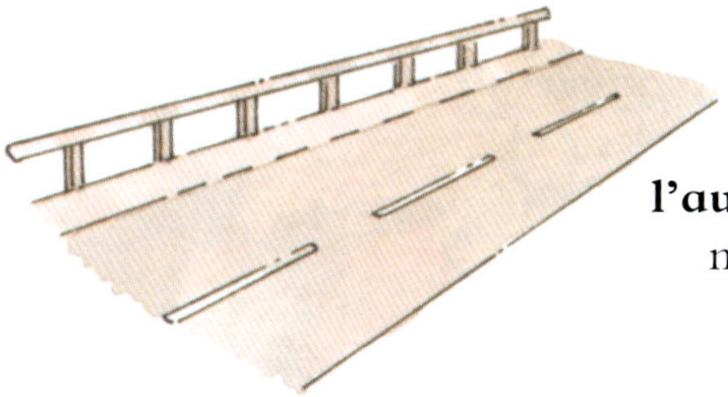

le conducteur
driver

l'autoroute (f)
motorway

le chemin de fer
railway

le train
train

le wagon
carriage

À la plage

On the beach

la mer
sea

la falaise
cliff

la plage
beach

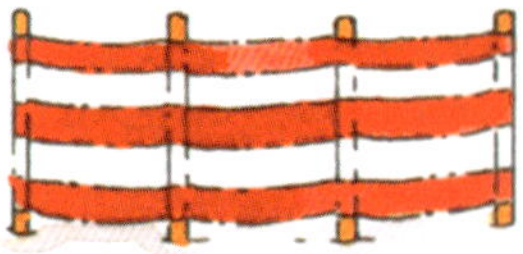

le coupe-vent
windbreak

la chaise longue
deckchair

l'hôtel (m)
hotel

le lait solaire
suntan lotion

les lunettes (f) de soleil
sunglasses

la serviette de plage
beach towel

le seau
bucket

la pelle
spade

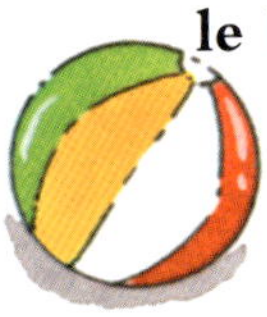

le ballon de plage
beach ball

le panier de pique-nique
picnic basket

l'algue (f)
seaweed

la crevette
shrimp

le tuba
snorkel

les lunettes (f) de plongée
goggles

le brassard de sauvetag
armband

la jetée
pier

l'épuisette (f)
net

le galet
pebble

le coquillage
shell

la glace
ice-cream

le château de sable
sandcastle

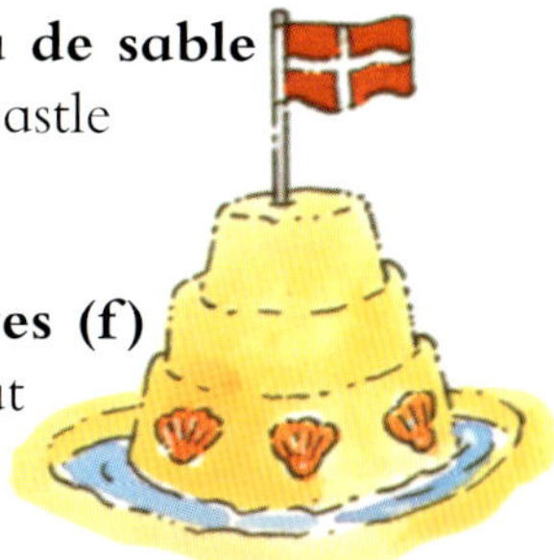

les douves (f)
moat

le drapeau
flag

la vague
wave

le phare
lighthouse

la planche à voile
windsurfer

la planche de surf
surfboard

la palme
flipper

la mouette
seagull

le canot à moteur
motor boat

le gilet de sauvetage
lifejacket

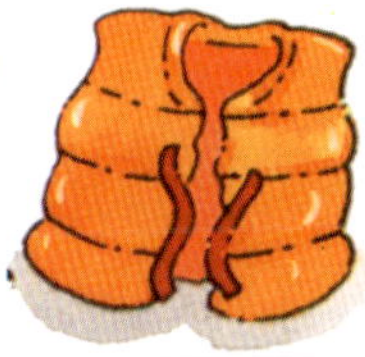

le voilier
sailing boat

le mât
mast

Sous l'eau
Underwater

le phoque
seal

le plongeur
diver

la tortue marine
turtle

le dauphin
dolphin

la raie
ray fish

l'hippocampe (m)
seahorse

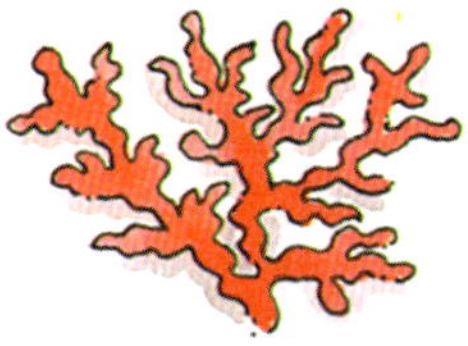

le corail
coral

le banc de poissons
shoal of fish

le morse
walrus

l'étoile (f) de mer
starfish

l'épave (f)
wreck

le trésor
treasure

le canon
cannon

la palourde
clam

la crevett
shrimp

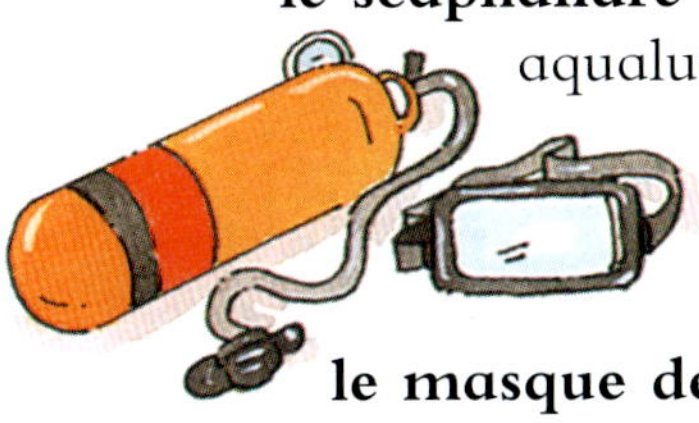

le scaphandre autonome
aqualung

le masque de plongée
face mask

la torche
torch

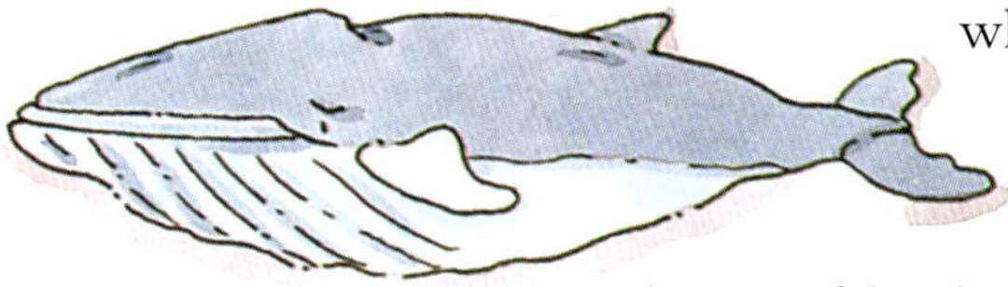

la baleine
whale

la combinaison de plongée
wet suit

la pieuvre
octopus

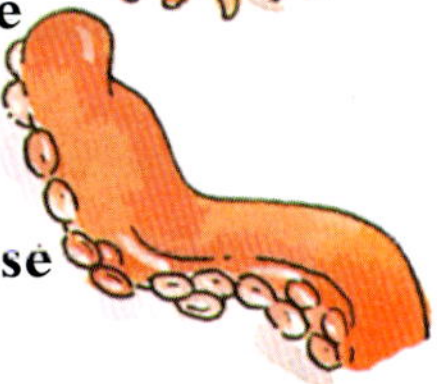

la tentacule
tentacle

la ventouse
sucker

l'anémone (f) de mer
sea anemone

la grotte
cave

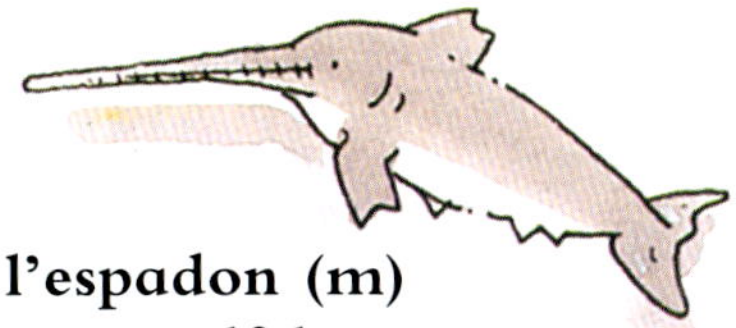

l'espadon (m)
swordfish

le homard
lobster

la méduse
jellyfish

l'huître (f)
oyster

l'anguille (f)
eel

la nageoire
fin

le requin
shark

Les animaux sauvages
Wild animals

le singe
monkey

l'hippopotame (m)
hippopotamus

le serpent
snake

la chèvre
goat

le zèbre
zebra

le kangourou
kangaroo

la girafe
giraffe

le pélican
pelican

la corne
horn

le rhinocéros
rhinoceros

le lézard
lizard

le lionceau
lion cub

le lion lion

la lionne lioness

le chameau
camel

l'alligator (m)
alligator

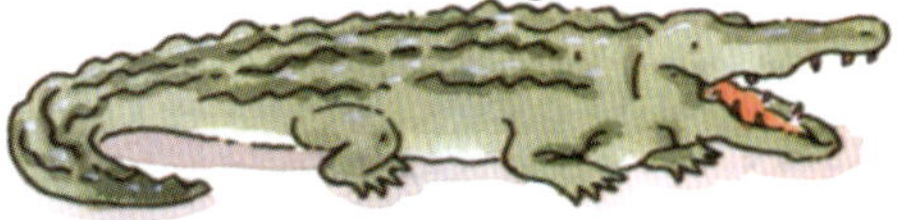

les bois (m)
antlers

le cerf
deer

le guépard
cheetah

le tigre
tiger

le lama
llama

l'autruche (f)
ostrich

l'éléphant (m)
elephant

la défense
tusk

la trompe
trunk

le camion
van

le léopard
leopard

le flamant
flamingo

La fête
Having a party

la baguette magique
magic wand

le magicien
magician

la grande cape
cloak

le colis
parcel

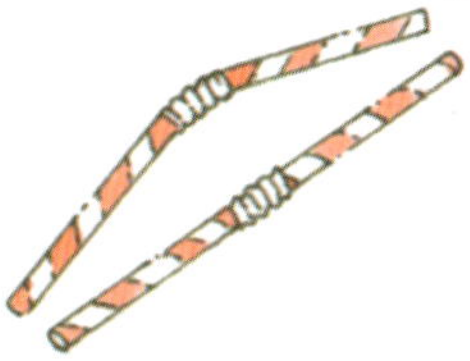

la paille
straw

le gâteau
cake

la guirlande électrique
fairy lights

le hot-dog
hot dog

le ballon
balloon

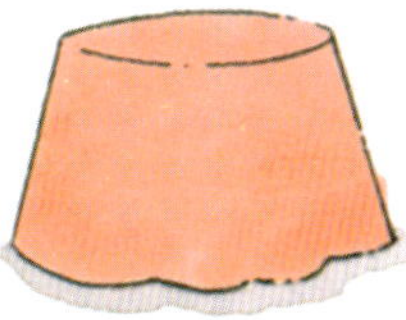

la nappe
tablecloth

la bougie
candle

l'assiette (f) en carton
paper plate

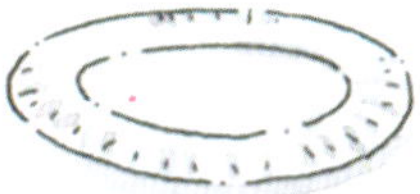

le gobelet en carton
paper cup

la serviette en papier
paper napkin

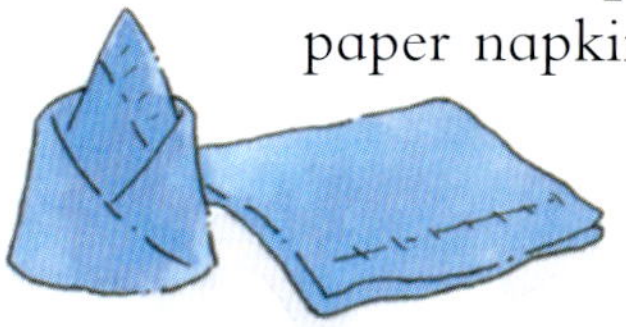

le nœud
bow

la carte
card

le sifflet en papier
party squeaker

la couronne en papier
paper hat

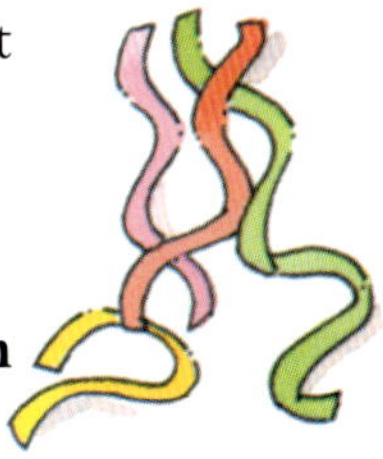

le serpentin
streamer

le ruban
ribbon

la robe de fête
party dress

le diablotin
cracker

la guirlande de papier
paper chain

la fleur en papier
paper flower

la boisson
drink

le chapeau haut-de-forme
top hat

le mouchoir
handkerchief

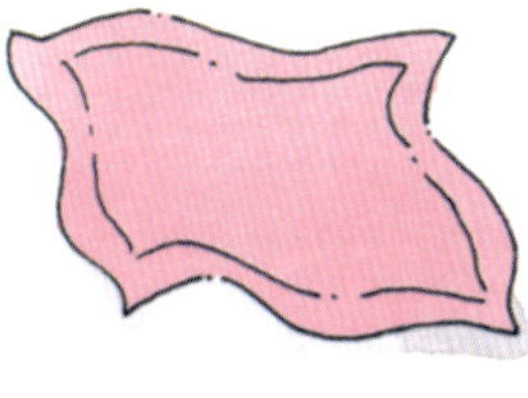

le cadeau
present

Le monde des histoires
World of stories

le dragon
dragon

le gnome
gnome

la lune
moon

les spectateurs (m)
audience

l'épée (f)
sword

le bouclier
shield

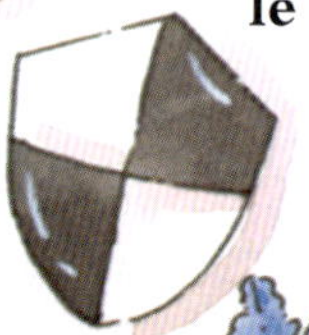

le panache
plume

le casque
helmet

l'armure (f)
armour

le chevalier
knight

la reine
queen

le roi
king

le pirate
pirate

le sorcier
wizard

le chaudron
cauldron

le monstre
monster

le hibou
owl

le clown
clown

le château
castle

le fantôme
ghost

la fée
fairy

le géant
giant

le bouffon
jester

la licorne
unicorn

la couronne
crown

le prince
prince

la princesse
princess

le manche à balai
broomstick

la sorcière
witch

le champignon vénéneux
toadstool

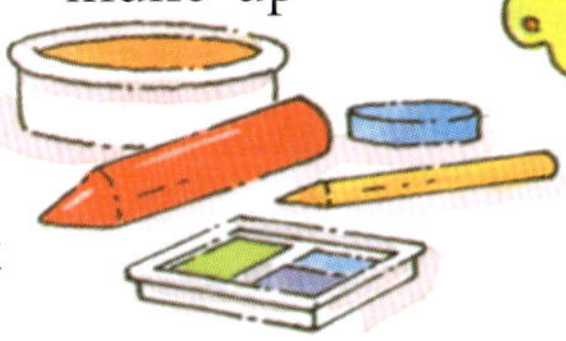

le maquillage
make-up

le bois enchanté
enchanted wood

Les formes et les couleurs
Shapes and colours

gros/grosse
fat

mince
thin

le sommet
top

le bas
bottom

en haut
up

en bas
down

étroit/étroite
narrow

large
wide

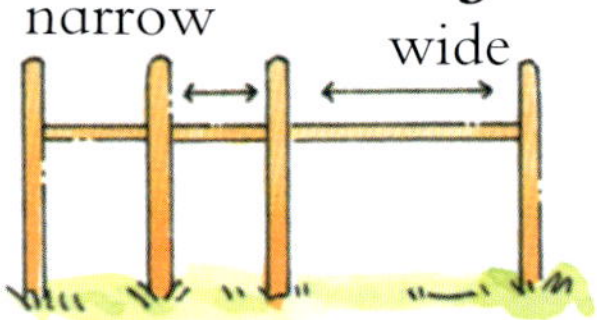

joyeux/joyeuse
happy

triste
sad

dur/dure
hard

mou/molle
soft

neuf/neuve
new

vieux/vieille
old

orange
orange

vert/verte
green

jaune
yellow

violet/violette
purple

bleu/bleue
blue

rose
pink

gris/grise
grey

blanc/blanche
white

noir/noire
black

marron
brown

rouge
red

le rectangle
rectangle

le carré
square

l'étoile
star

le cercle
circle

la sphère
sphere

le cube
cube

le triangle
triangle

court/courte
short

long/longue
long

grand/grande
tall

petit/petite
short

l'arc-en-ciel (m)
rainbow

Les saisons
Seasons

la luge
sledge

le bonhomme de neige
snowman

le flocon de neige
snowflake

l'arbre vert (m)
evergreen tree

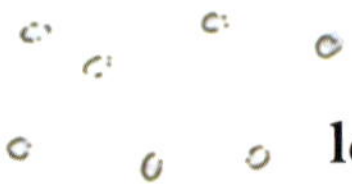

la neige
snow

la branche
branch

la boule de neige
snowball

le nid
nest

les fleurs (f)
blossom

l'agneau (m)
lamb

l'averse (f)
rain shower

le bourgeon
bud

le crocus
crocus

la jonquille
daffodil

la primevère
primrose

la rivière
river

la rive
river bank

le roseau
reed

la barque
rowing boat

le pêcheur
angler

le pique-nique
picnic

le soleil
sun

la feuille
leaf

la pomme
apple

l'écureuil (m)
squirrel

la rose
rose

la glace
ice

le feu de bois
bonfire

la baie
berry

la poire
pear

le gland
acorn

la brume
mist

le chêne
oak tree

Les jours de la semaine
Days of the week

lundi Monday	**mardi** Tuesday	**mercredi** Wednesday	**jeudi** Thursday	**vendredi** Friday
samedi Saturday	**dimanche** Sunday		**le weekend** the weekend	

Les mois de l'année
Months of the year

janvier January	**avril** April	**juillet** July	**octobre** October
février February	**mai** May	**août** August	**novembre** November
mars March	**juin** June	**septembre** September	**décembre** December

1 un	**2** deux	**3** trois	**4** quatre	**5** cinq	**6** six	**7** sept	**8** huit	**9** neuf	**10** dix
11 onze	**12** douze	**13** treize	**14** quatorze	**15** quinze	**16** seize	**17** dix-sept	**18** dix-huit	**19** dix-neuf	**20** vingt

21 vingt et un	**22** vingt-deux	**23** vingt-trois	**24** vingt-quatre	**25** vingt-cinq

30 trente	**40** quarante	**50** cinquante	**60** soixante	**70** soixante-dix	**80** quatre-vingts	**90** quatre-vingt-dix

100 cent	**1,000** mille	**1,000,000** million

Dictionnaire Illustré Anglais – Français

Picture Dictionary English – French

Aa

acorn
le gland

aerial
l'antenne (f)

aeroplane
l'avion (m)

airport
l'aéroport (m)

alligator
l'alligator (m)

alphabet
l'alphabet (m)

ambulance
l'ambulance (f)

angler
le pêcheur

anorak
l'anorak (m)

antlers
les bois (m)

apple
la pomme

aqualung
le scaphandre autonome

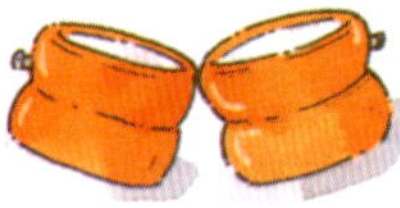

armband
le brassard de sauvetage

armchair
le fauteuil

armour
l'armure (f)

arrow
la flèche

articulated lorry
la semi-remorque

audience
les spectateurs (m)

autumn
l'automne (m)

Bb

baby
le bébé

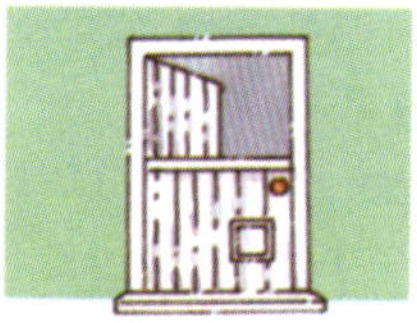

back door
la porte de derrière

balloon
le ballon

banana
la banane

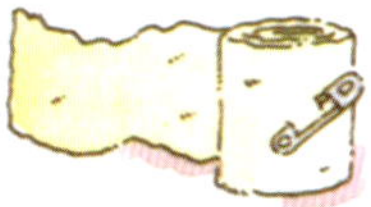
bandage
la bande

bank
la banque

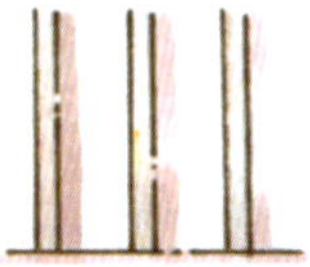
bar
le barreau

barn
la grange

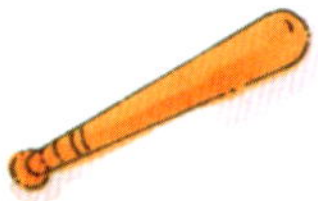
baseball bat
la batte de base-ball

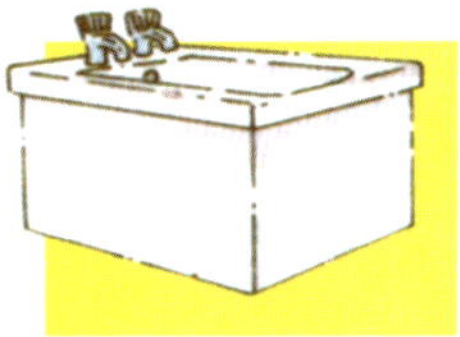
bath
la baignoire

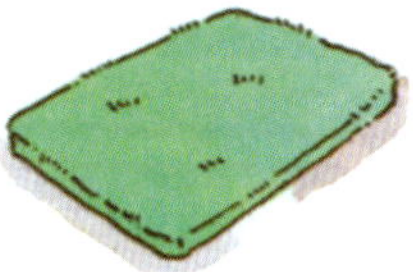
bath mat
le tapis de bain

bath towel
la serviette de bain

bathroom scales
le pèse-personne

beach
la plage

beach ball
le ballon de plage

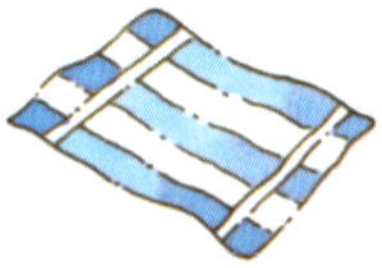
beach towel
la serviette de plage

beak
le bec

beaker
le gobelet

bedding
la litière

belt
la ceinture

bench
le banc

berry
la baie

bicycle
le vélo

bird
l'oiseau (m)

bird table
la mangeoire

biscuit tin
la boîte à biscuit

black
noir/noire

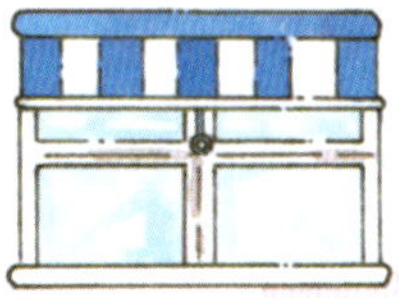
blind
le store

blossom
les fleurs (f)

blue
bleu/bleue

board game
le jeu de société

boat
le bateau

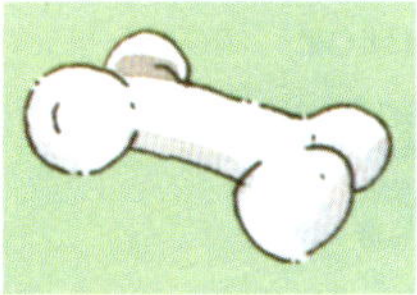
bone
l'os (m)

bonfire
le feu de bois

book
le livre

bookcase
la bibliothèque

boot
la botte

border
la bordure

bottom
le bas

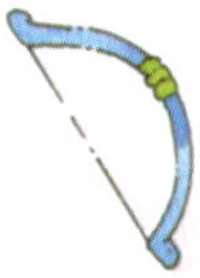
bow
l'arc (m)

bow
le nœud

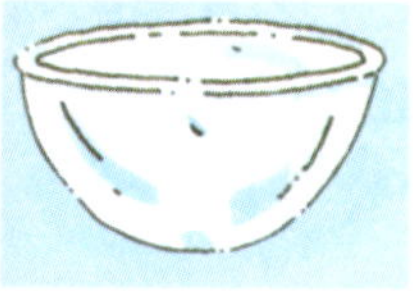
bowl
le saladier

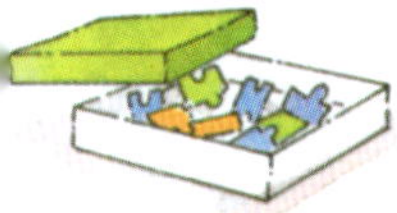
box
la boîte

braces
les bretelles (f)

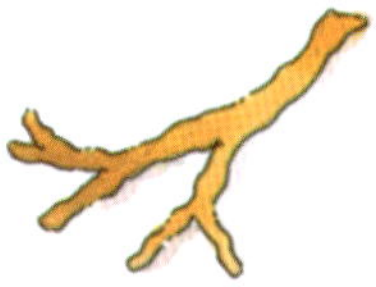
branch
la branche

bread
le pain

brick
la brique

bricklayer
le maçon

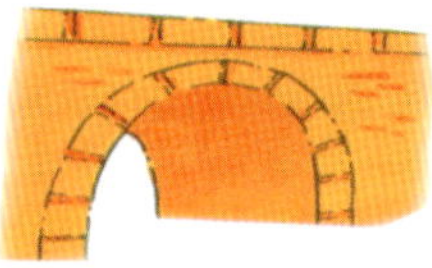
bridge
le pont

broom
le balai

broomstick
le manche à balai

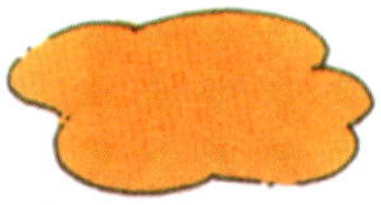
brown
marron

bucket
le seau

buckle
la boucle

bud
le bourgeon

budgerigar
la perruche

builder
le maçon

building block
le jeu
de construction

bull
le taureau

bulldozer
le bulldozer

bus
l'autobus (m)

bus driver
le conducteur
d'autobus

bus stop
l'arrêt (m)
d'autobus

bush
le buisson

butter
le beurre

button
le bouton

buttonhole
la boutonnière

Cc

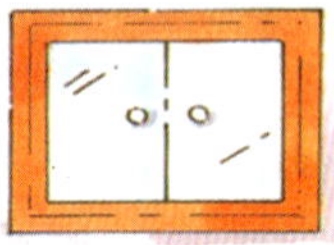

cabinet
l'armoire (f) à pharmacie

café
le café

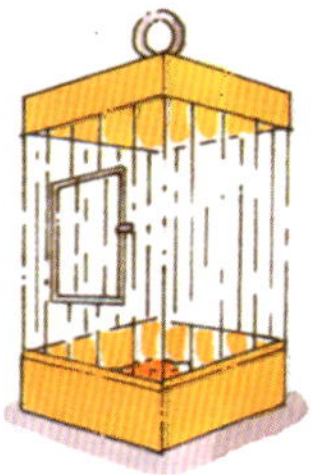

cage
la cage

cake
le gâteau

calf
le veau

camel
le chameau

canal
le canal

canal boat
la péniche

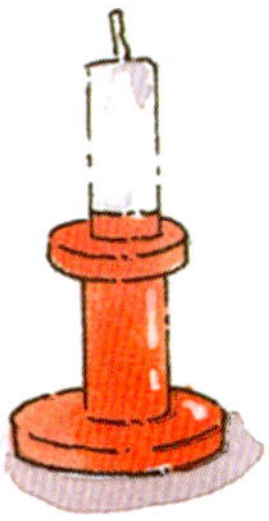

candle
la bougie

candlestick
le bougeoir

cannon
le canon

canoe
le canoë

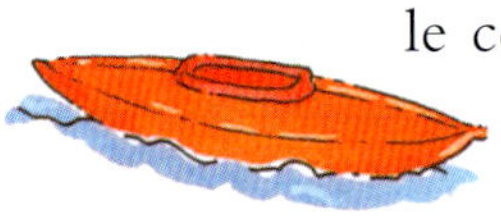

car
la voiture

car park
le parking

card
la carte

cardboard model
la maquette

cardigan
le gilet

carpenter
le charpentier

carpet
le tapis

carriage
le wagon

castle
le château

cat flap
la chatière

cauldron
le chaudron

cauliflower
le chou-fleur

cave
la grotte

cement mixer
la bétonnière

cereal
les céréales (f)

chair
le fauteuil

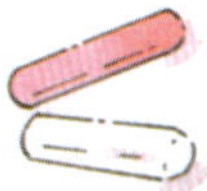

chalk
la craie

chalkboard
le tableau noir

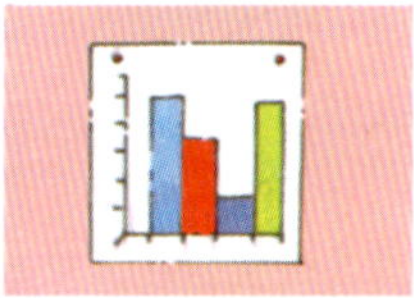

chart
le diagramme

cheese
le fromage

cheetah
le guépard

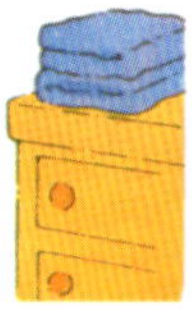

chest of drawers
la commode

chick
le poussin

chips
les frites (f)

circle
le cercle

clam
la palourde

claw
la griffe

clay
l'argile (f)

cliff
la falaise

climbing frame
la cage à poules

cloak
la grande cape

clock
l'horloge (f)

clown
le clown

coat
le manteau

coconut
la noix de coco

coffee
le café

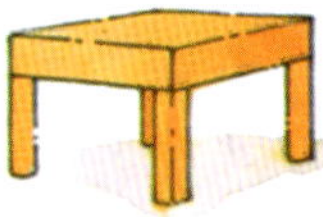

coffee table
la table basse

collar
le col

colouring book
l'album (m)
de coloriage

comic
la bande dessinée

compact disc player
le lecteur laser

compressor
le compresseur

computer
l'ordinateur (m)

concrete mixer
le camion
malaxeur

cooker
la cuisinière

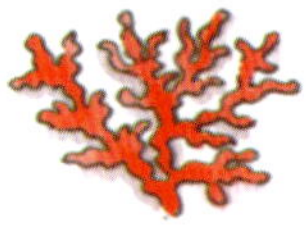

coral
le corail

cord
le cordon

cotton wool
le coton

cow
la vache

cowboy outfit
la tenue de cow-boy

cowshed
l'étable (f)

cracker
le diablotin

crane
la grue

crayon
le crayon de couleur

crisps
les chips (f)

crocus
le crocus

crossing
le passage pour piétons

crown
la couronne

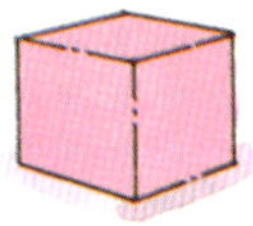

cube
le cube

cucumber
le concombre

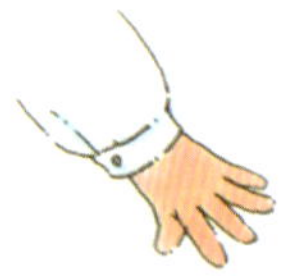

cuff
la manchette

cup
la tasse

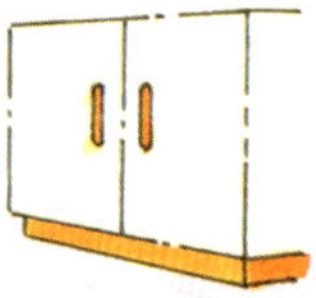

cupboard
le placard

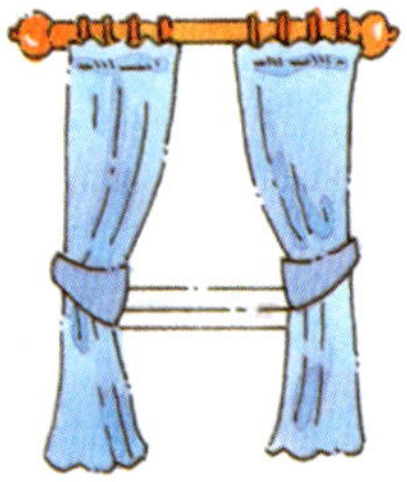

curtain pole
la tringle à rideau

curtain
le rideau

Dd

daffodil
la jonquille

dandelion
le pissenlit

deckchair
la chaise longue

deer
le cerf

desk
le bureau

dice
le dé

digger
la pelleteuse

ditch
le fossé

diver
le plongeur

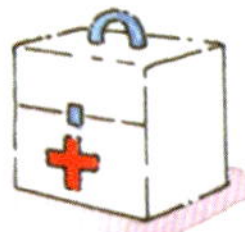

doctor's bag
la sacoche de médecin

doctor's outfit
la tenue de médeci

doll's clothes
les vêtements (m) de poupée

doll's house
la maison de poupée

dolphin
le dauphin

down
en bas

dragon
le dragon

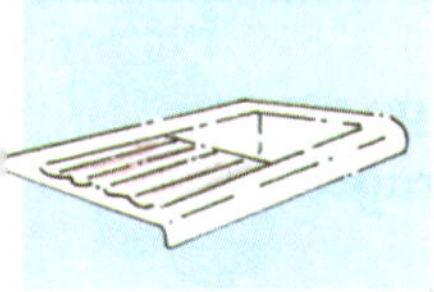

draining board
l'égouttoir (m)

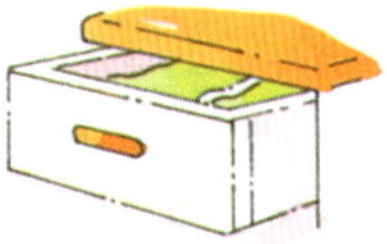

drawer
le tiroir

drawing
le dessin

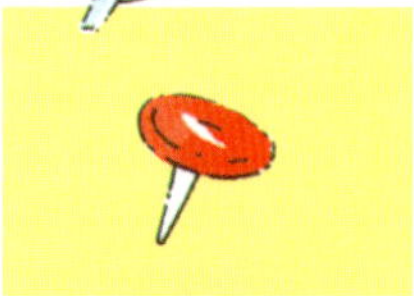

drawing pin
la punaise

dress
la robe

dressing gown
la robe de chambre

drink
la boisson

driver
le conducteur

drum
le tambour

duck
le canard

duckling
le caneton

duck pond
la mare
aux canards

dumper truck
le dumper

dungarees
la salopette

Ee

ear muffs
le cache-oreilles

eel
l'anguille (f)

egg
l'œuf (m)

elephant
l'éléphant (m)

enchanted wood
le bois enchanté

evergreen tree
l'arbre vert (m)

Ff

face mask
le masque
de plongée

fairy
la fée

fairy lights
la guirlande
électrique

family
la famille

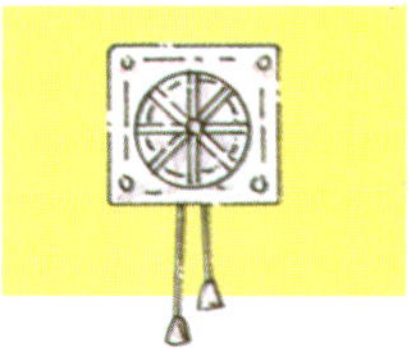

fan
l'aérateur (m)

farmer
le fermier

farmyard
la cour de ferme

fat
gros/grosse

ferry boat
le ferry

fin
la nageoire

fire
le feu

fire engine
la voiture de pompiers

fireguard
le garde-feu

fireplace
la cheminée

flag
le drapeau

flamingo
le flamant

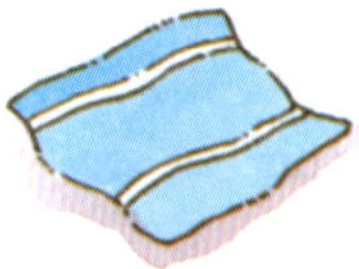

flannel
le gant de toilette

flashcard
le support visuel

flipper
la palme

floor tile
le carrelage

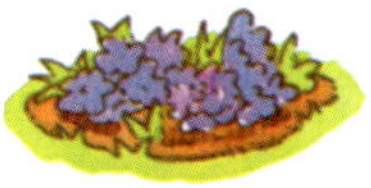

flower bed
la plate-bande

flowerpot
le pot de fleurs

foal
le poulain

food bowl
la gamelle

football
le ballon de football

fork
la fourchette

fossil
le fossile

freezer
le congélateur

fridge
le réfrigérateur

frying pan
la poêle

fur
la fourrure

Gg

garage
le garage

garden birds
les oiseaux (m) du jardin

garden fork
la fourche

garlic
l'ail (m)

gate
la barrière

gerbil
la gerbille

ghost
le fantôme

giant
le géant

giraffe
la girafe

glove
le gant

glove puppet
la marionnette à gaine

gnome
le gnome

goat
la chèvre

goggles
les lunettes (f) de plongée

goose
l'oie (f)

gosling
l'oison (m)

grape
le raisin

green
vert/verte

grey
gris/grise

guard
le chef de gare

guinea pig
le cochon d'Inde

guitar
la guitare

Hh

hamburger
le hamburger

hamster
le hamster

hamster house
la cage du hamster

handkerchief
le mouchoir

handlebars
le guidon

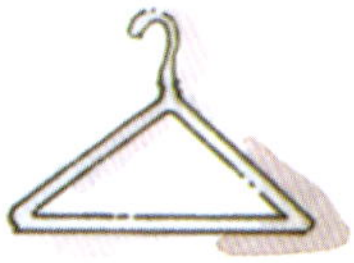
hanger
le cintre

happy
joyeux/joyeuse

hard
dur/dure

hat
le chapeau

hay
le foin

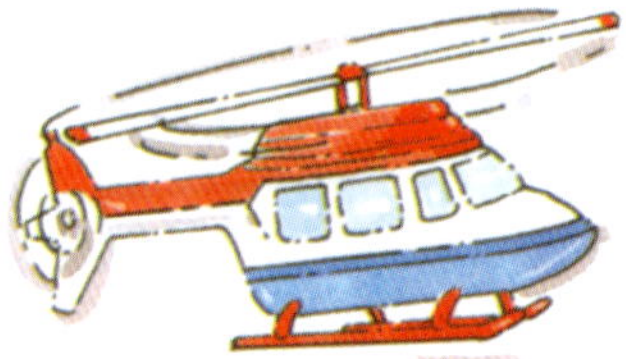
helicopter
l'hélicoptère (m)

helmet
le casque

hen
la poule

hen house
le poulailler

hippopotamus
l'hippopotame (m)

honey
le miel

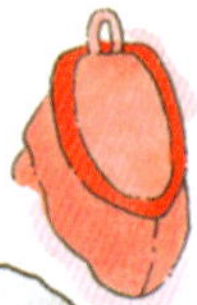

hood
le capuchon

horn
la corne

horse
le cheval

hose
le tuyau d'arrosage

hospital
l'hôpital (m)

hot air balloon
la montgolfière

hot dog
le hot-dog

hotel
l'hôtel (m)

house
la maison

hovercraft
l'aéroglisseur (m)

hutch
le clapier

Ii

ice
la glace

ice-cream
la glace

island
l'île (f)

Jj

jam
la confiture

jeans
le jean

jellyfish
la méduse

jester
le bouffon

jigsaw puzzle
le puzzle

jug
le pichet

juice
le jus

jumper
le pull

Kk

kangaroo
le kangourou

king
le roi

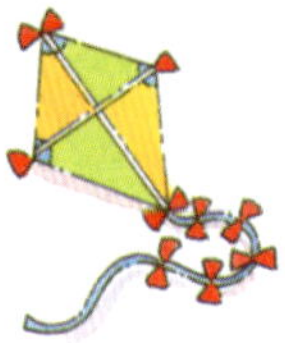

kite
le cerf-volant

kitten
le chaton

knickers
la culotte

knife
le couteau

knight
le chevalier

Ll

lace
le lacet

ladder
l'échelle (f)

lake
le lac

lamb
l'agneau (m)

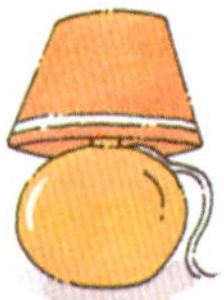

lamp
la lampe

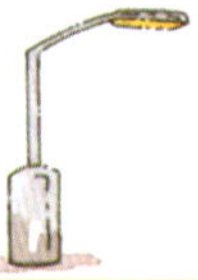

lamp post
le réverbère

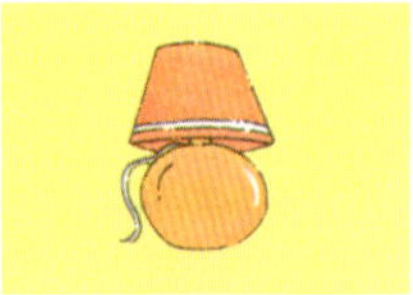

lampshade
l'abat-jour (m)

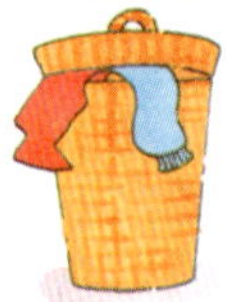

laundry basket
le panier à linge

lawn
la pelouse

lawnmower
la tondeuse

lead
la laisse

leaf
la feuille

Lego
le Légo

leopard
le léopard

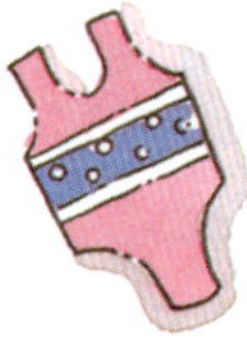

leotard
le justaucorps

library
la bibliothèque

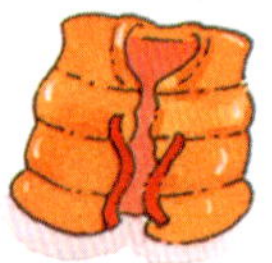

lifejacket
le gilet de sauvetage

light
la lumière

lighthouse
le phare

lion
le lion

lioness
la lionne

lion cub
le lionceau

lizard
le lézard

llama
le lama

loader
le chargeur

lobster
le homard

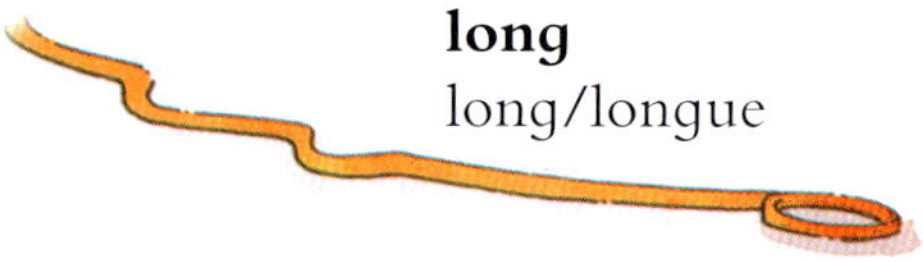

long
long/longue

loudspeaker
le haut-parleur

Mm

magazine
le magazine

magic wand
la baguette magique

magician
le magicien

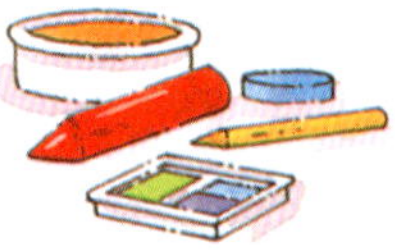

make-up
le maquillage

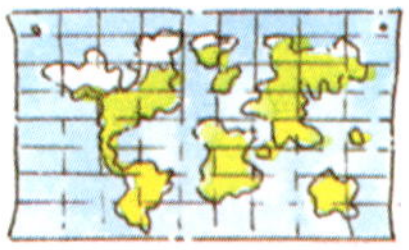

map
la carte

mantlepiece
le dessus de cheminée

marble
la bille

margarine
la margarine

mast
le mât

mince
la viande hachée

mirror
le miroir

mist
la brume

mitten
la moufle

moat
les douves (f)

monkey
le singe

monster
le monstre

moon
la lune

motor boat
le canot à moteur

motorbike
la moto

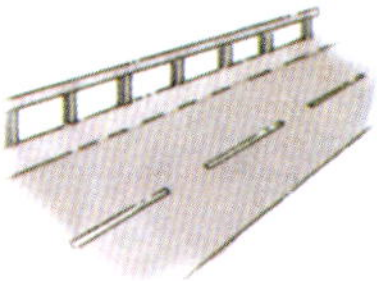

motorway
l'autoroute (f)

mushroom
le champignon

Nn

nailbrush
la brosse à ongles

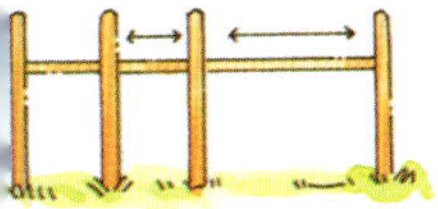

narrow
étroit/étroite

nature table
le coin nature

nest
le nid

nesting box
le nichoir

net
l'épuisette (f)

new
neuf/neuve

newspaper
le journal

Noah's ark
l'arche (f) de Noé

notice
la pancarte

numbers
les chiffres (m)

nurse's outfit
la tenue
d'infirmière

Oo

oak tree
le chêne

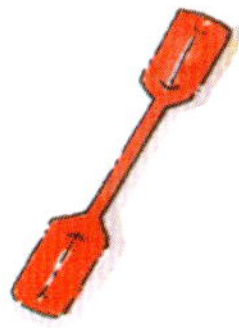

oar
la rame

octopus
le pieuvre

oil
l'huile (f)

old
vieux/vieille

onion
l'oignon (m)

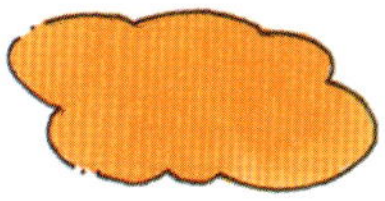

orange
orange

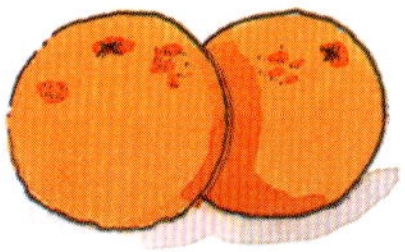

orange
l'orange (f)

orchard
le verger

ostrich
l'autruche (f)

oven
le four

overalls
la combinaison

owl
le hibou

oyster
l'huître (f)

Pp

padlock
le cadenas

paint
la peinture

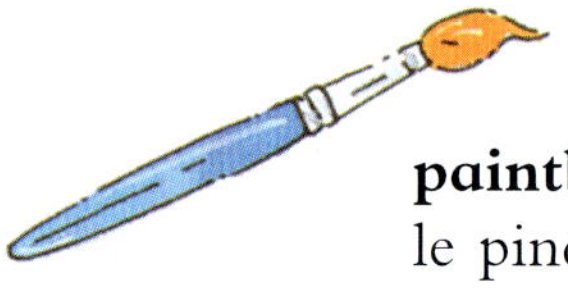

paintbrush
le pinceau

painting
la peinture

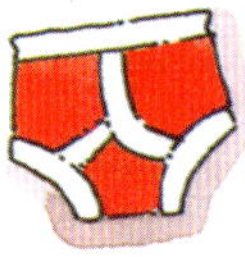

pants
le slip

paper chain
la guirlande
de papier

paper cup
le gobelet en carton

paper flower
la fleur en papier

paper hat
la couronne
en papier

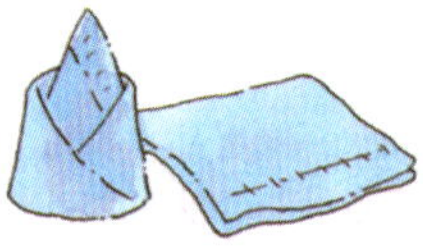

paper napkin
la serviette
en papier

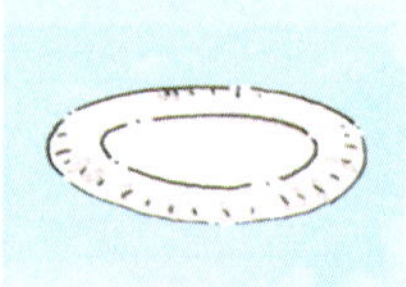

paper plate
l'assiette (f)
en carton

parachute
le parachute

parcel
le colis

park keeper
le gardien de parc

parrot
le perroquet

party dress
la robe de fête

party squeaker
le sifflet en papier

paste
la colle

paste brush
la brosse à colle

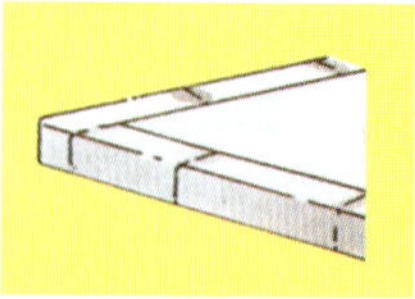

pavement
le trottoir

paw
la patte

pea
le petit pois

peanut
la cacahuète

pear
la poire

pebble
le galet

pedal
la pédale

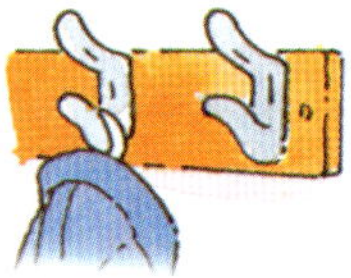

peg
le porte-manteau

pelican
le pélican

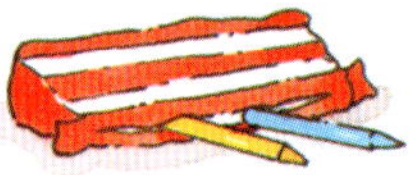

pencil
le crayon

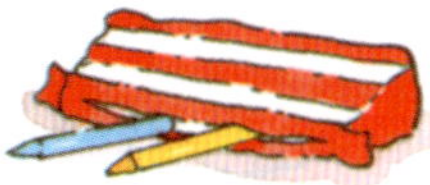

pencil case
la trousse

pepper
le poivre

pet food
la nourriture pour chiens et chats

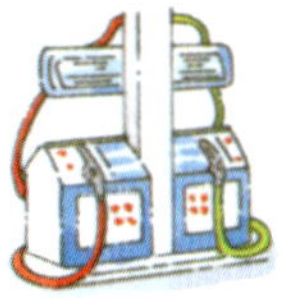

petrol pump
la pompe à essence

petrol station
la station-service

photograph
la photographie

picnic
le pique-nique

picnic basket
le panier de pique-nique

pier
la jetée

pig
le cochon

pigeon
le pigeon

pig sty
la porcherie

piglet
le porcelet

pillow
l'oreiller (m)

pinafore dress
la robe-chasuble

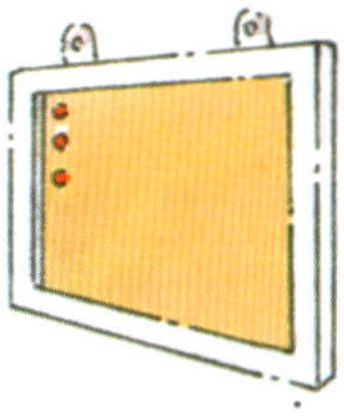

pinboard
le panneau d'affichage

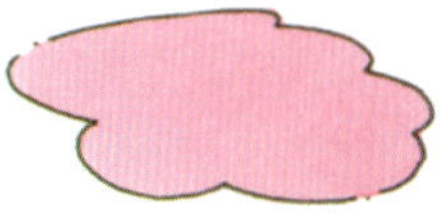

pink
rose

pirate
le pirate

Plasticine
la pâte à modeler

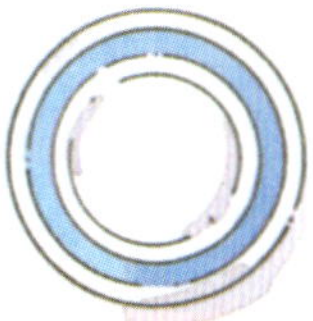

plate
l'assiette (f)

platform
le quai

playground
l'aire (f) de jeu

plimsoll
la chaussure en toile

plug
la bonde

plum
la prune

plume
le panache

pneumatic drill
le marteau pneumatique

pocket
la poche

police officer
l'agent (m) de police

pond
le bassin

postman/ postwoman
le facteur

potato
la pomme de terre

pram
le landau

present
le cadeau

primrose
la primevère

prince
le prince

princess
la princesse

puppy
le chiot

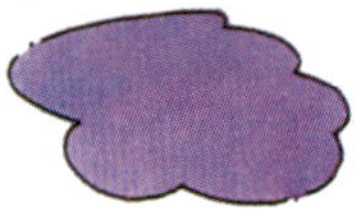
purple
violet/violette

pushchair
la poussette

pyjamas
le pyjama

Qq

queen
la reine

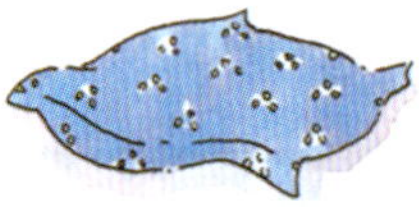
quilt
la couette

Rr

rabbit
le lapin

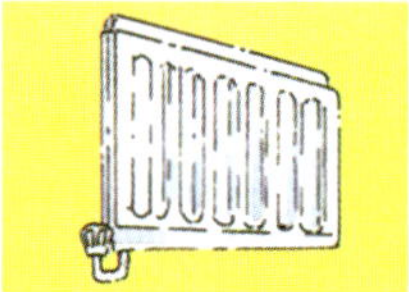
radiator
le radiateur

radio
la radio

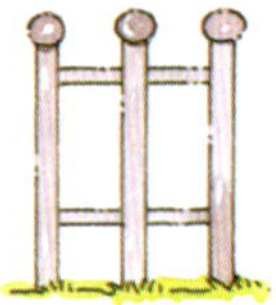
railing
la grille

railway
le chemin de fer

rain shower
l'averse (f)

rainbow
l'arc-en-ciel (m)

rake
le râteau

rattle
le hochet

ray fish
la raie

reader
le lecteur (m)
la lectrice (f)

record player
le tourne-disque

rectangle
le rectangle

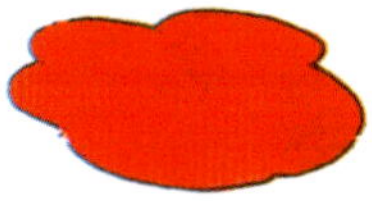

red
rouge

reed
le roseau

remote control
la télécommande

rhinoceros
le rhinocéros

ribbon
le ruban

rice
le riz

river
la rivière

river bank
la rive

rock garden
le jardin de rocaille

rocking chair
le fauteuil à bascule

roller skates
les patins (m) à roulettes

roof
le toit

rose
la rose

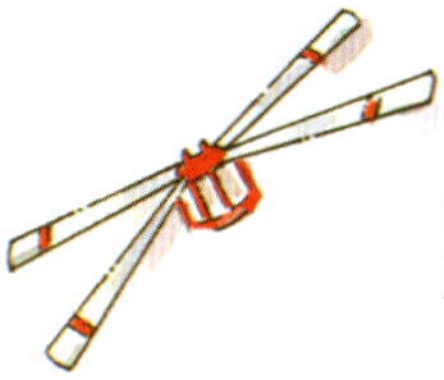

rotor blade
la pale du rotor

roundabout
le manège

rowing boat
la barque

rubber
la gomme

rubbish bin
la poubelle

rug
la carpette

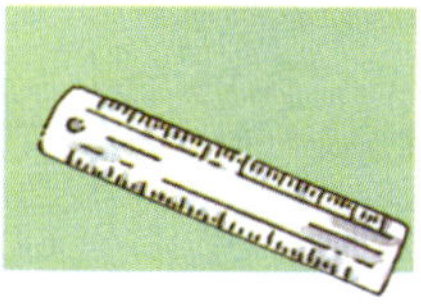

ruler
la règle

Ss

sad
triste

saddle
la selle

safety hat
le casque de sécurité

sail
la voile

sailing boat
le voilier

salt
le sel

sand
le sable

sandal
la sandale

sandcastle
le château de sable

sandpit
le bac à sable

satchel
le cartable

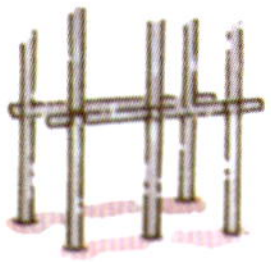
scaffolding
l'échafaudage (m)

scarecrow
l'épouvantail (m)

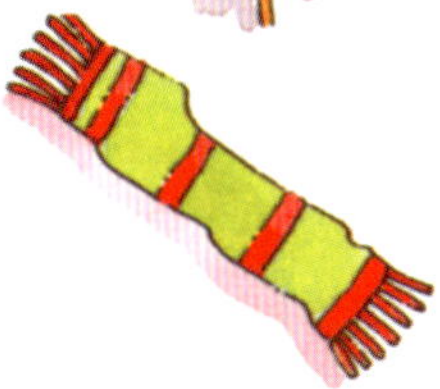
scarf
l'écharpe (f)

scissors
les ciseaux (m)

sea
la mer

sea anemone
l'anémone (f)
de mer

seagull
la mouette

seahorse
l'hippocampe (m)

seal
le phoque

seaweed
l'algue (f)

seesaw
la balançoire

settee
le canapé

shampoo
le shampooing

shark
le requin

shed
la cabane

sheep
le mouton

sheepdog
le chien de berger

sheet
le drap

shell
le coquillage

shelter
l'abri (m)

shield
le bouclier

shirt
la chemise

shoal
le banc de poissons

shoe
la chaussure

shop
le magasin

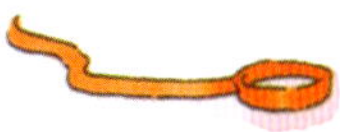
short
court/courte

short
petit/petite

shower
la douche

shower cap
le bonnet de douche

shower curtain
le rideau de douche

shrimp
la crevette

shrub
l'arbuste (m)

sink
l'évier (m)

skateboard
le skate-board

skip
la benne

skipping rope
la corde à sauter

skirt
la jupe

sledge
la luge

sleeve
la manche

slide
le toboggan

slipper
la pantoufle

slope
la pente

snake
le serpent

snorkel
le tuba

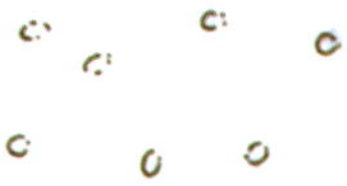

snow
la neige

snowball
la boule de neige

snowflake
le flocon de neige

snowman
le bonhomme
de neige

soap
le savon

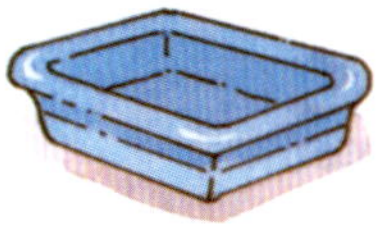

soap dish
le porte-savon

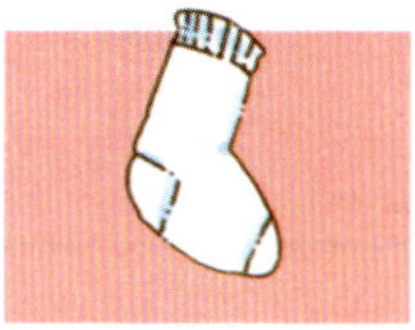

sock
la chaussette

soft
mou/molle

soup
la soupe

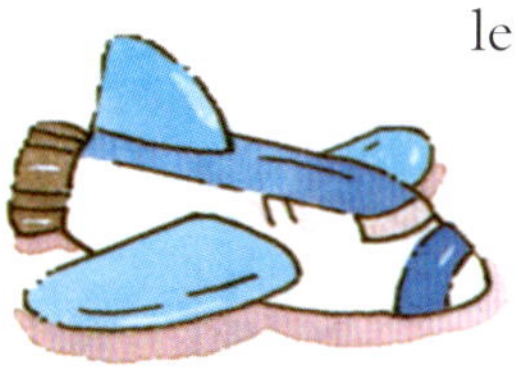

spacecraft
le vaisseau spatial

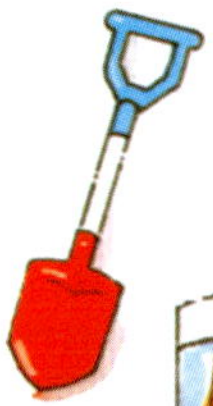

spade
la pelle

spaghetti
les spaghettis (m)

sphere
la sphère

spice
l'épice (f)

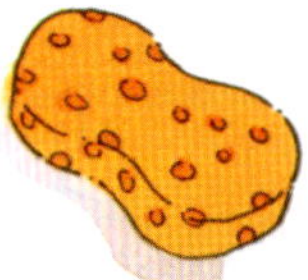

sponge
l'éponge (f)

spoon
la cuillère

spring
le printemps

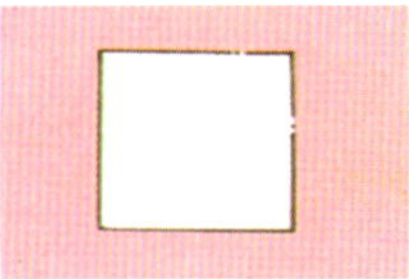

square
le carré

squash
le sirop

squirrel
l'écureuil (m)

stable
l'écurie (f)

star
l'étoile (f)

starfish
l'étoile (f) de mer

station
la gare

steamroller
le rouleau

steering wheel
le volant

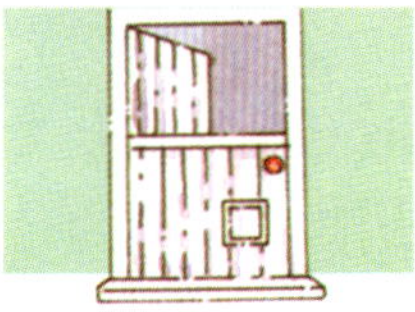

step
la marche

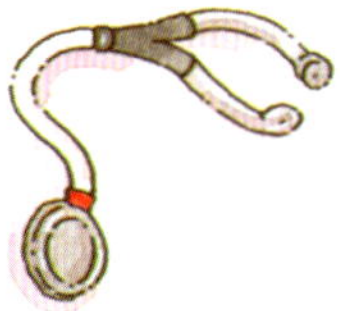

stethoscope
le stéthoscope

stool
le tabouret

straw
la paille

streamer
le serpentin

sucker
la ventouse

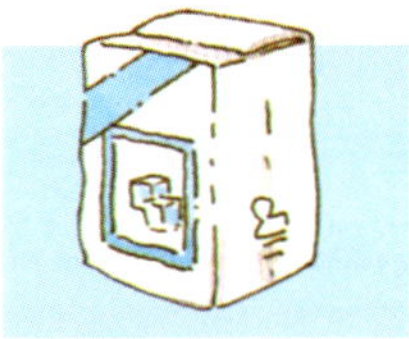

sugar
le sucre

summer
l'été (m)

sun
le soleil

suntan lotion
le lait solaire

sunglasses
les lunettes (f)
de soleil

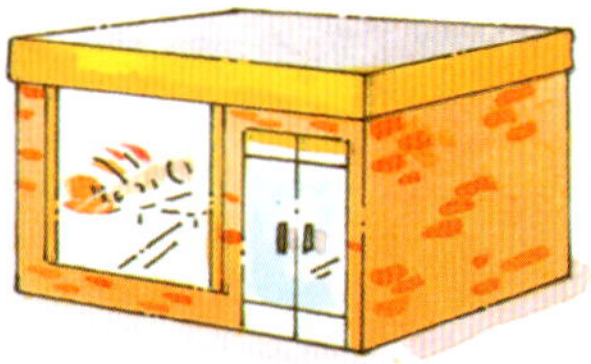

supermarket
le supermarché

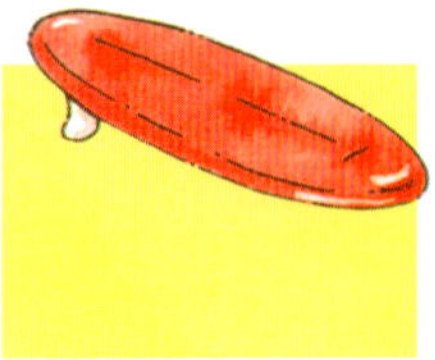

surfboard
la planche de surf

sweatshirt
le sweat-shirt

sword
l'épée (f)

swordfish
l'espadon (m)

Tt

table
la table

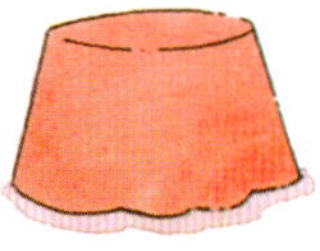

tablecloth
la nappe

tail
la queue

tall
grand/grande

tap
le robinet

tape recorder
le magnétophone

target
la cible

tarmac
le goudron

taxi
le taxi

teacher
l'instituteur (m)
l'institutrice (f)

telegraph pole
le poteau
télégraphique

telephone
le téléphone

television
la télévision

tennis ball
la balle de tennis

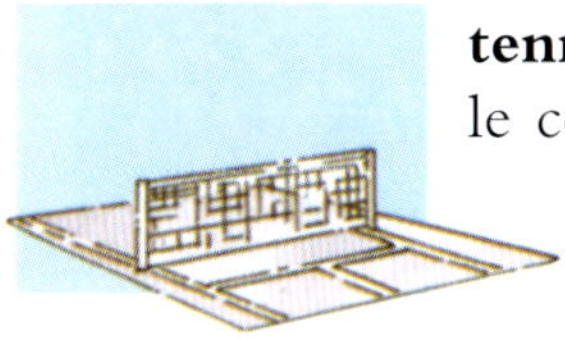

tennis court
le court de tennis

tent
la tente

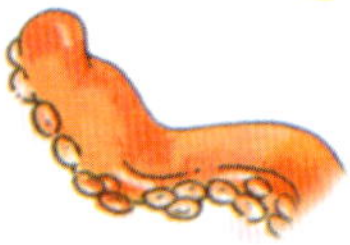

tentacle
la tentacule

terrace
l'allée (f)

Thermos flask
le Thermos

thin
mince

ticket
le billet

tiger
le tigre

tights
le collant

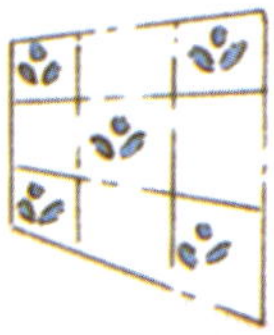

tile
le carrelage

tipper truck
le camion-benne

toadstool
le champignon
vénéneux

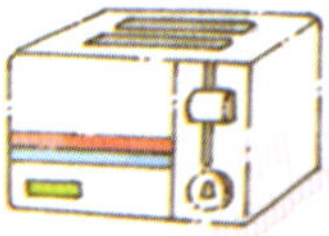

toaster
le grille-pain

toilet
les toilettes (f)

toilet paper
le papier
hygiénique

toilet seat
la lunette

tomato
la tomate

toothbrush
la brosse à dents

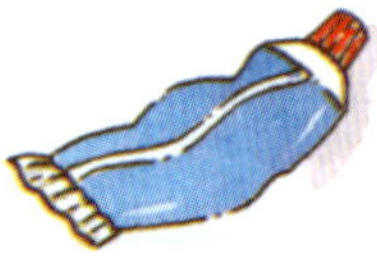

toothpaste
le dentifrice

top
le sommet

top hat
le chapeau
haut-de-forme

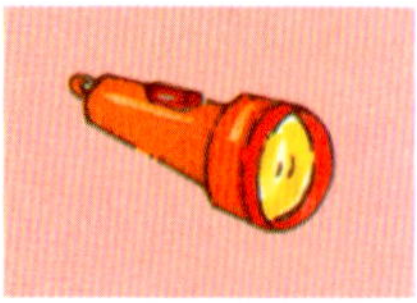
torch
la torche

tortoise
la tortue

towel rail
le porte-serviette

tower block
la tour

town hall
l'hôtel (m) de ville

toy boat
le petit bateau

toy box
le coffre à jouets

toy farm
la ferme miniature

toy shop
le magasin de jouets

tractor
le tracteur

traffic lights
les feux (m)

traffic warden
le contractuel (m)
la contractuelle (f)

trailer
la remorque

train
le train

train set
le petit train

trainers
les tennis (f)

treasure
le trésor

tree stump
la souche d'arbre

triangle
le triangle

tricycle
le tricycle

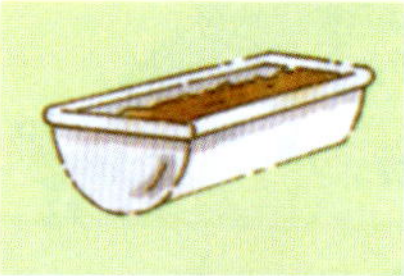
trough
l'auge (f)

trowel
le déplantoir

truck
le camion

T-shirt
le T-shirt

trunk
la trompe

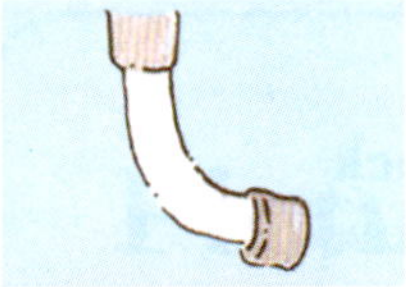

tube
le tube

tunnel
le tunnel

turtle
la tortue marine

tusk
la défense

tyre
le pneu

Uu

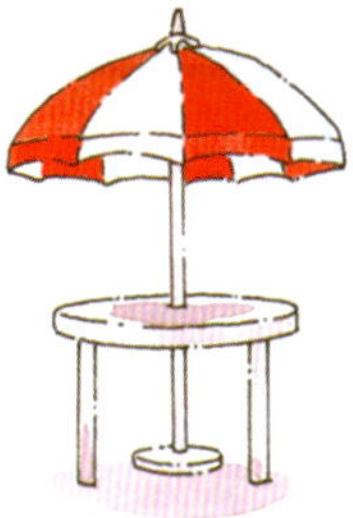

umbrella
le parasol

unicorn
la licorne

up
en haut

Vv

van
le camion

vase
le vase

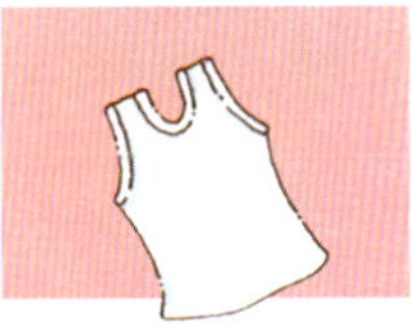

vest
le maillot de corps

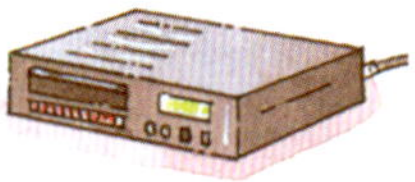

video recorder
le magnétoscope

vinegar
le vinaigre

Ww

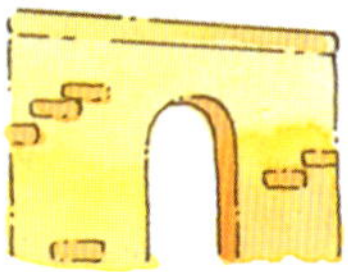

wall
le mur

walrus
le morse

wardrobe
l'armoire (f)

washbasin
le lavabo

washing machine
la machine à laver

wastepaper bin
la corbeille à papier

watch
la montre

water bottle
la gourde

waterfall
la chute d'eau

waterlily
le nénuphar

wave
la vague

weed
la mauvaise herbe

wet suit
la combinaison
de plongée

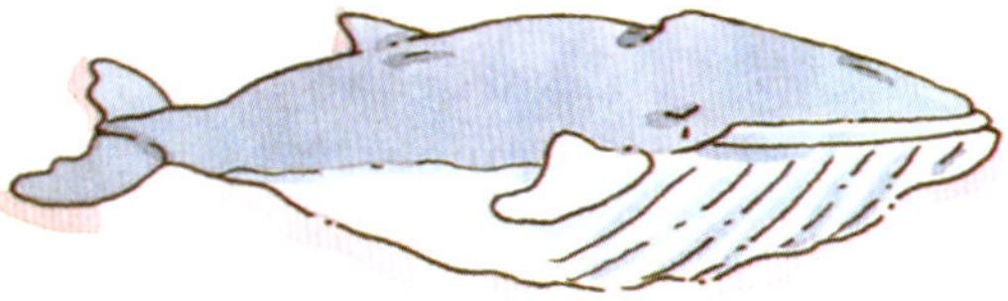

whale
la baleine

wheel
la roue

wheelbarrow
la brouette

wheelchair
le fauteuil roulant

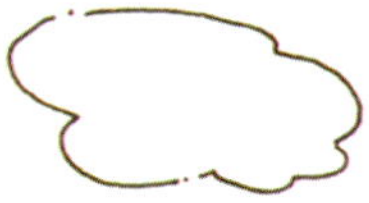

white
blanc/blanche

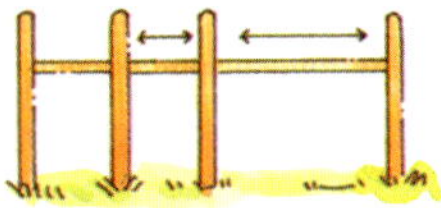

wide
large

wild garden
le jardin sauvage

windbreak
le coupe-vent

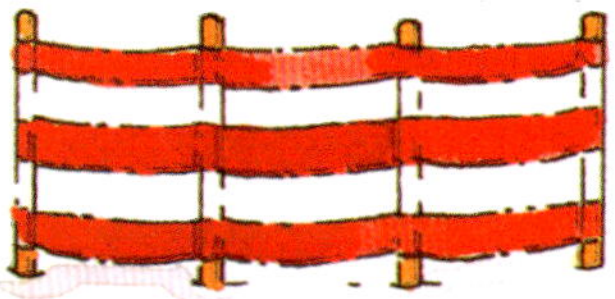

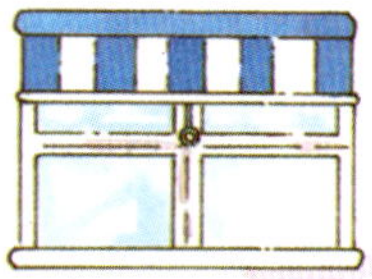

window
la fenêtre

window box
la jardinière

window cleaner
le laveur de vitres

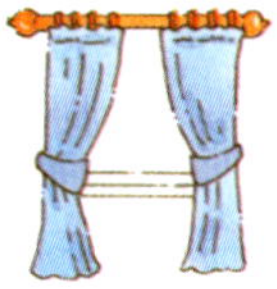

windowsill
le rebord de fenêtre

windscreen
le pare-brise

windsurfer
la planche à voile

wing
l'aile (f)

winter
l'hiver (m)

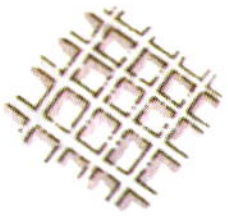

wire netting
le grillage

witch
la sorcière

wizard
le sorcier

worktop
le plan de travail

wreck
l'épave (f)

Xx

xylophone
le xylophone

Yy

yacht
le yacht

yellow
jaune

yo-yo
le yo-yo

Zz

zebra
le zèbre

zip
la fermeture Éclair

Dictionnaire Illustré Français – Anglais

Picture Dictionary French – English

Aa

l'abat-jour (m)
lampshade

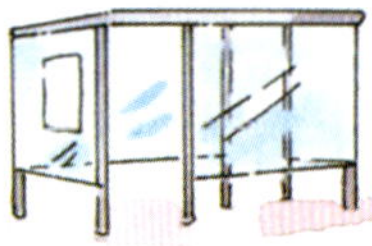

l'abri (m)
shelter

l'aérateur (m)
fan

l'aéroglisseur (m)
hovercraft

l'aéroport (m)
airport

l'agent (m) de police
police officer

l'agneau (m)
lamb

l'ail (m)
garlic

l'aile (f)
wing

l'aire de jeu (f)
playground

l'album (m) de coloriage
colouring book

l'algue (f)
seaweed

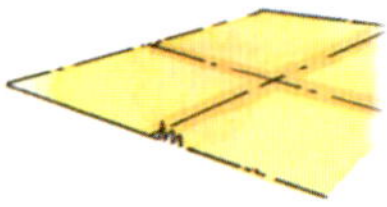

l'allée (f)
terrace

l'alligator (m)
alligator

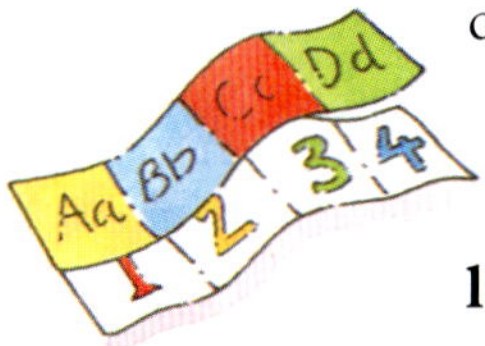

l'alphabet (m)
alphabet

l'ambulance (f)
ambulance

l'anémone (f) de mer
sea anemone

l'anguille (f)
eel

l'anorak (m)
anorak

l'antenne (f)
aerial

l'arbre vert (m)
evergreen tree

l'arbuste (m)
shrub

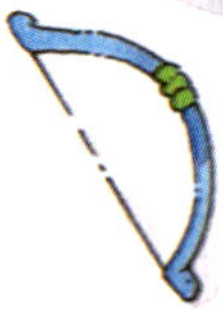

l'arc (m)
bow

l'arc-en-ciel (m)
rainbow

l'arche (f) de Noé
Noah's ark

l'argile (f)
clay

l'armoire (f)
wardrobe

l'armoire (f) à pharmacie
cabinet

l'armure (f)
armour

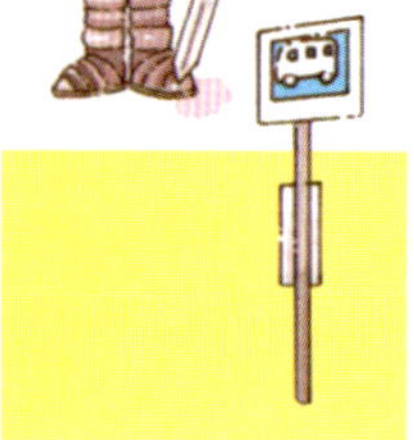

l'arrêt (m) d'autobus
bus stop

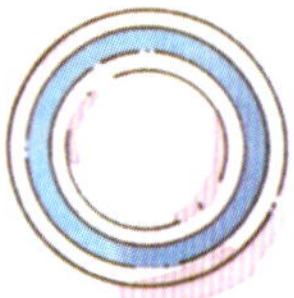

l'assiette (f)
plate

l'assiette (f) en carton
paper plate

l'auge (f)
trough

l'autobus (m)
bus

l'automne (m)
autumn

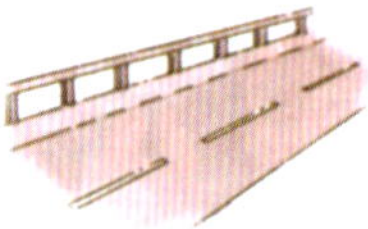

l'autoroute (f)
motorway

l'autruche (f)
ostrich

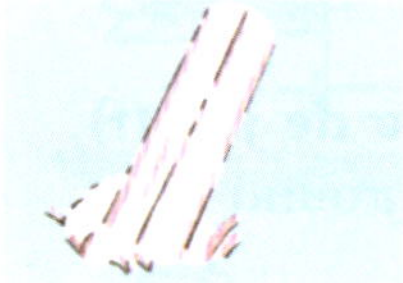

l'averse (f)
rain shower

l'avion (m)
aeroplane

Bb

le bac à sable
sandpit

la baguette magique
magic wand

la baie
berry

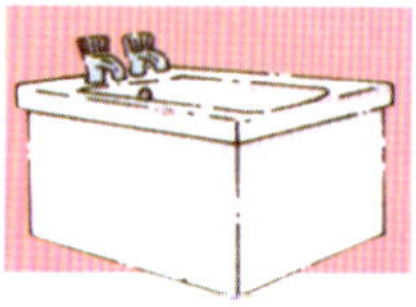

la baignoire
bath

le balai
broom

la balançoire
seesaw

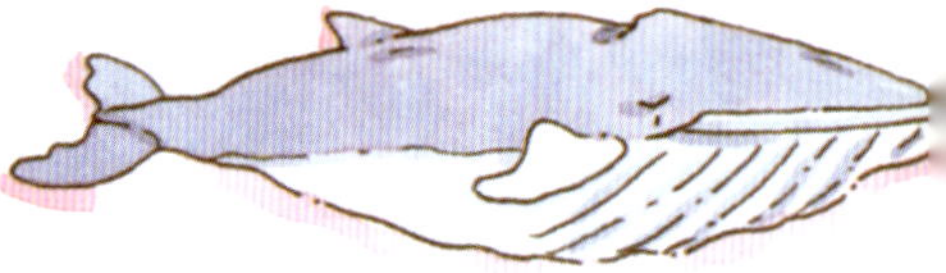

la baleine
whale

la balle de tennis
tennis ball

le ballon
balloon

le ballon de football
football

le ballon de plag
beach ball

la banane
banana

le banc
bench

le banc de poissons
shoal

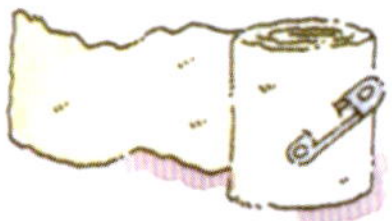

la bande
bandage

la bande dessinée
comic

la banque
bank

la barque
rowing boat

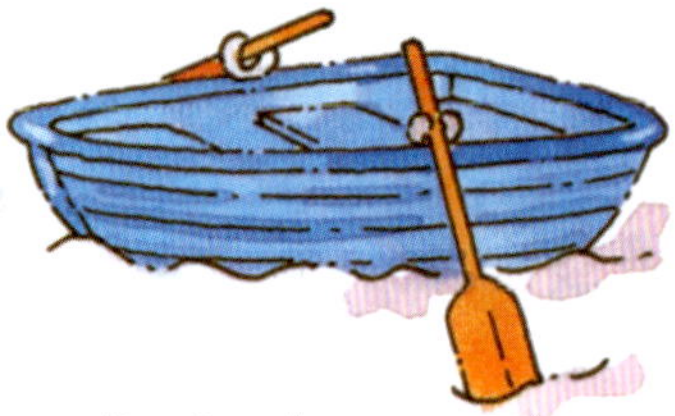

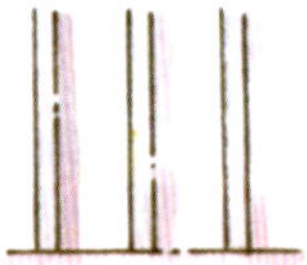

le barreau
bar

la barrière
gate

le bas
bottom

le bassin
pond

le bateau
boat

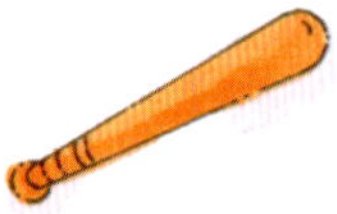

la batte de base-ball
baseball bat

le bébé
baby

le bec
beak

la benne
skip

la bétonnière
cement mixer

le beurre
butter

la bibliothèque
bookcase

la bibliothèque
library

la bille
marble

le billet
ticket

blanc/blanche
white

bleu/bleue
blue

les bois (m)
antlers

le bois enchanté
enchanted wood

la boisson
drink

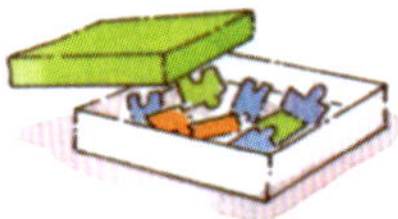

la boîte
box

la boîte à biscuits
biscuit tin

la bonde
plug

le bonhomme de neige
snowman

le bonnet de douche
shower cap

la bordure
border

la botte
boot

la boucle
buckle

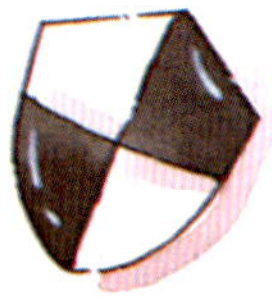

le bouclier
shield

le bouffon
jester

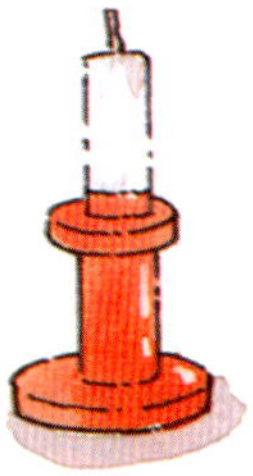

le bougeoir
candlestick

la bougie
candle

la boule de neige
snowball

le bourgeon
bud

le bouton
button

la boutonnière
buttonhole

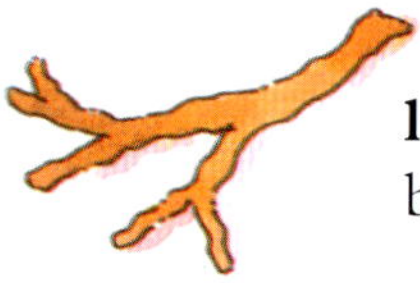

la branche
branch

le brassard de sauvetage
armband

les bretelles (f)
braces

la brique
brick

la brosse à colle
paste brush

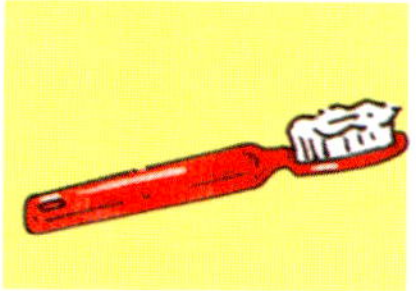

la brosse à dents
toothbrush

la brosse à ongles
nailbrush

la brouette
wheelbarrow

la brume
mist

le buisson
bush

le bulldozer
bulldozer

le bureau
desk

Cc

la cabane
shed

la cacahuète
peanut

le cache-oreilles
ear muffs

le cadeau
present

le cadenas
padlock

le café
café

le café
coffee

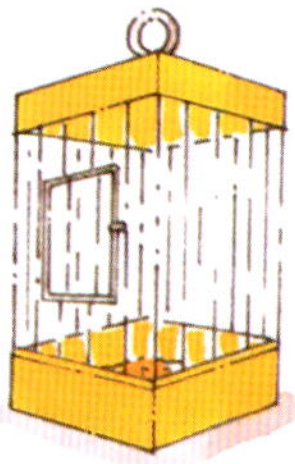

la cage
cage

la cage à poules
climbing frame

la cage du hamster
hamster house

le camion
van

le camion
truck

le camion malaxeur
concrete mixer

le camion-benne
tipper truck

le canal
canal

le canapé
settee

le canard
duck

le caneton
duckling

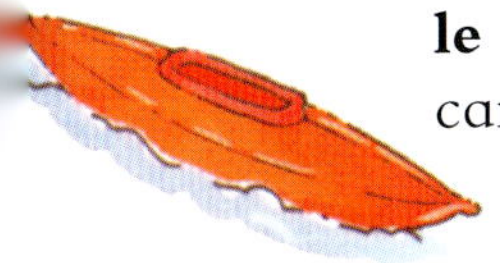

le canoë
canoe

le canon
cannon

le canot à moteur
motor boat

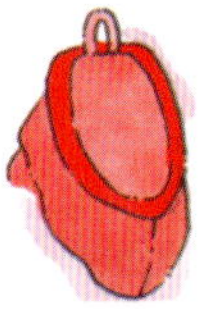

le capuchon
hood

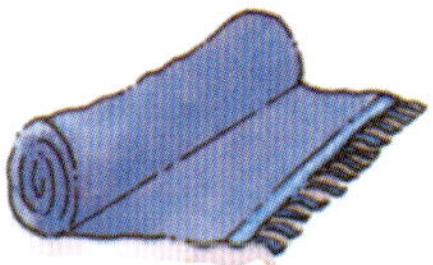

la carpette
rug

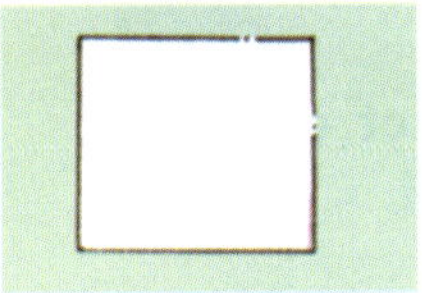

le carré
square

le carrelage
floor tile

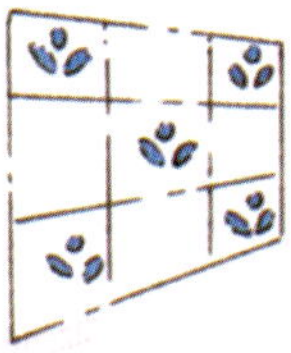

le carrelage
tile

le cartable
satchel

la carte
card

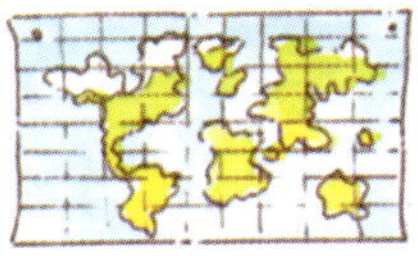

la carte
map

le casque
helmet

le casque de sécurité
safety hat

la ceinture
belt

le cercle
circle

les céréales (f)
cereal

le cerf
deer

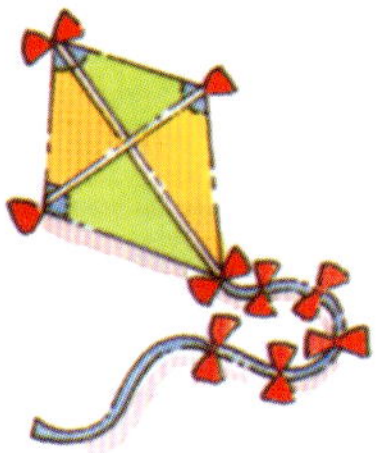

le cerf-volant
kite

la chaise longue
deckchair

le chameau
camel

le champignon
mushroom

le champignon vénéneux
toadstool

le chapeau
hat

le chapeau haut-de-forme
top hat

le chargeur
loader

le charpentier
carpenter

le château
castle

le château de sable
sandcastle

la chatière
cat flap

le chaton
kitten

le chaudron
cauldron

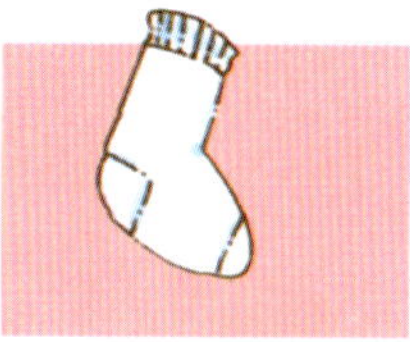

la chaussette
sock

la chaussure
shoe

la chaussure en toile
plimsoll

le chef de gare
guard

le chemin de fer
railway

la cheminée
fireplace

la chemise
shirt

le chêne
oak tree

le cheval
horse

le chevalier
knight

la chèvre
goat

le chien de berge
sheepdog

les chiffres (m)
numbers

le chiot
puppy

les chips (f)
crisps

le chou-fleur
cauliflower

la chute d'eau
waterfall

la cible
target

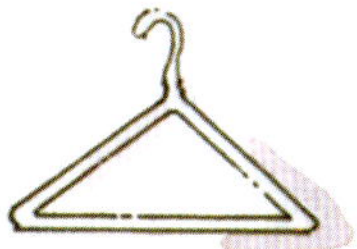

le cintre
hanger

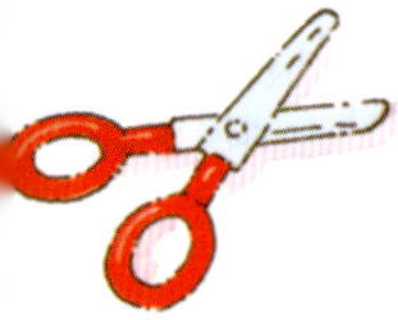

les ciseaux (m)
scissors

le clapier
hutch

le clown
clown

le cochon
pig

le cochon d'Inde
guinea pig

le coffre à jouets
toy box

le coin nature
nature table

le col
collar

le colis
parcel

le collant
tights

la colle
paste

la combinaison
overalls

la combinaison de plongée
wet suit

la commode
chest of drawers

le compresseur
compressor

le concombre
cucumber

le conducteur
driver

le conducteur d'autobus
bus driver

la confiture
jam

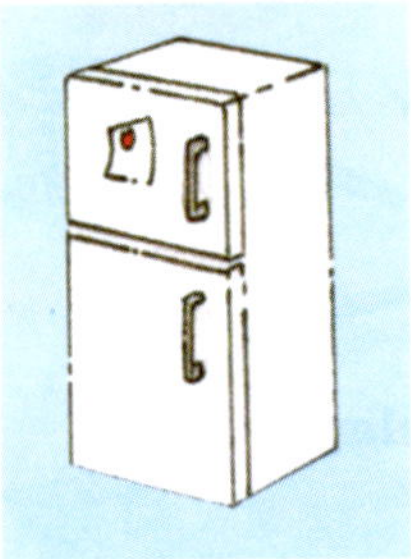

le congélateur
freezer

le contractuel (m)
la contractuelle (f)
traffic warden

le coquillage
shell

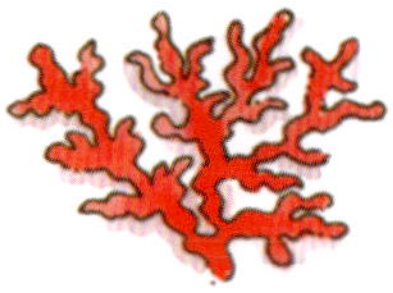

le corail
coral

la corbeille à papier
wastepaper bin

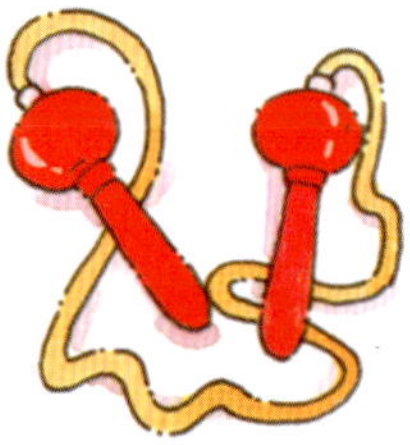

la corde à sauter
skipping rope

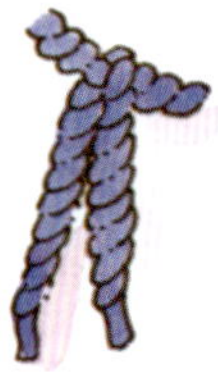

le cordon
cord

la corne
horn

le coton
cotton wool

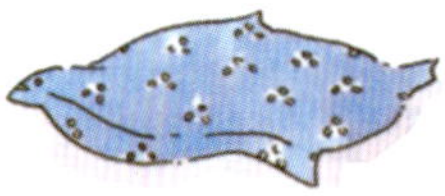

la couette
quilt

le coupe-vent
windbreak

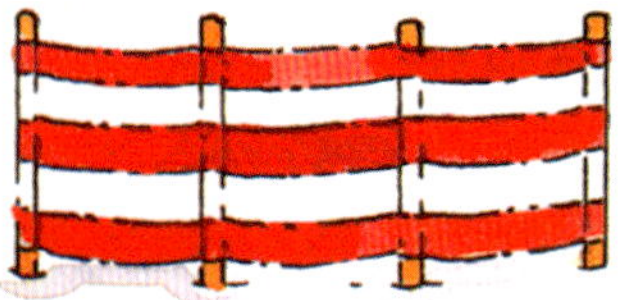

la cour de ferme
farmyard

la couronne
crown

la couronne en papier
papter hat

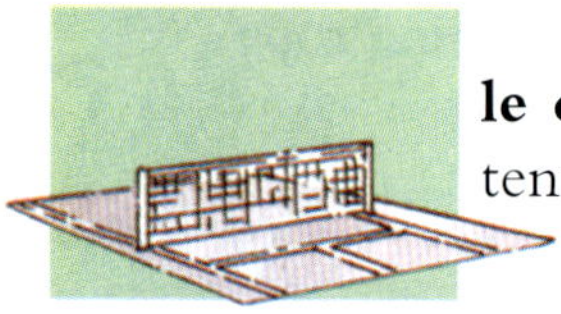

le court de tennis
tennis court

court/courte
short

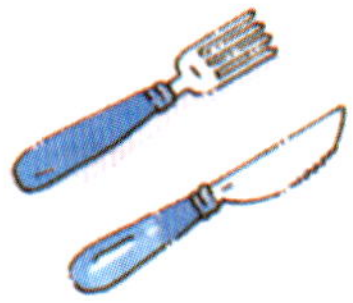

le couteau
knife

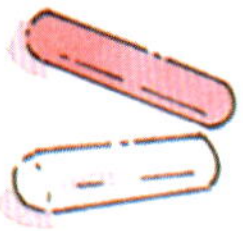

la craie
chalk

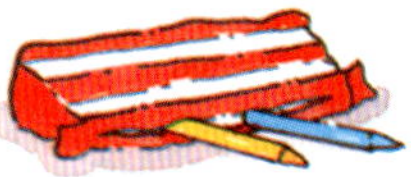

le crayon
pencil

le crayon de couleur
crayon

la crevette
shrimp

le crocus
crocus

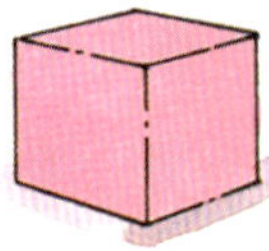

le cube
cube

la cuillère
spoon

la cuisinière
cooker

la culotte
knickers

Dd

le dauphin
dolphin

le dé
dice

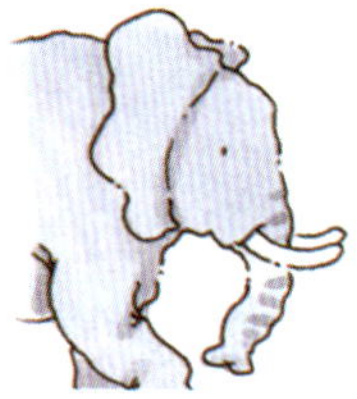

la défense
tusk

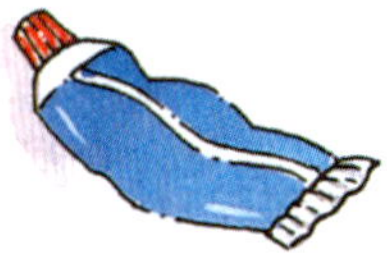

le dentifrice
toothpaste

le déplantoir
trowel

le dessin
drawing

le dessus de cheminée
mantlepiece

le diablotin
cracker

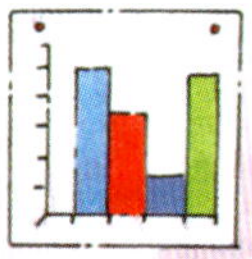

le diagramme
chart

la douche
shower

les douves (f)
moat

le dragon
dragon

le drap
sheet

le drapeau
flag

le dumper
dumper truck

dur/dure
hard

Ee

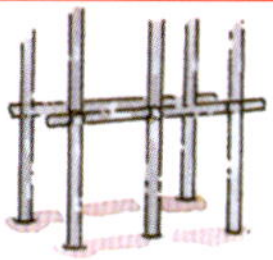

l'échafaudage (m)
scaffolding

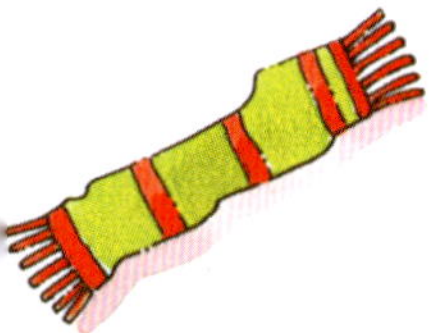

l'écharpe (f)
scarf

l'échelle (f)
ladder

l'écureuil (m)
squirrel

l'écurie (f)
stable

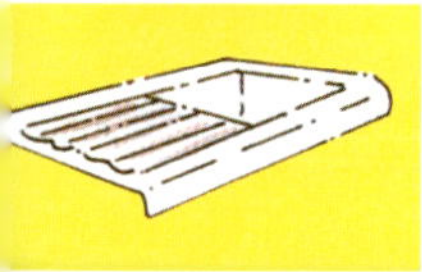

l'égouttoir (m)
draining board

l'éléphant (m)
elephant

en bas
down

en haut
up

l'épave (f)
wreck

l'épée (f)
sword

l'épice (f)
spice

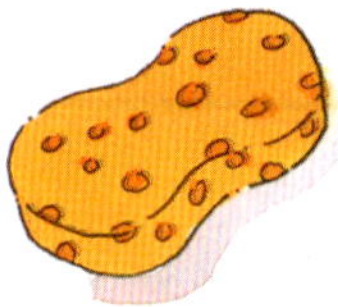

l'éponge (f)
sponge

l'épouvantail (m)
scarecrow

l'épuisette (f)
net

l'espadon (m)
swordfish

l'étable (f)
cowshed

l'été (m)
summer

l'étoile (f)
star

l'étoile (f) de mer
starfish

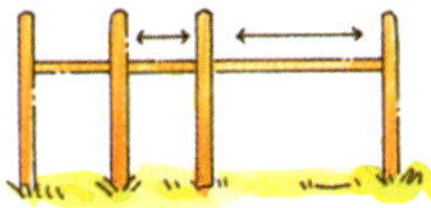

étroit/étroite
narrow

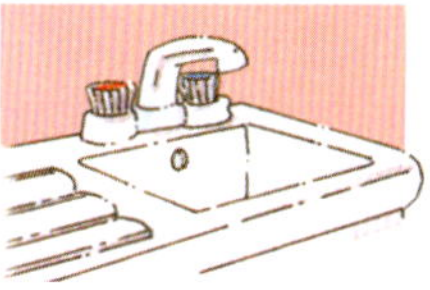

l'évier (m)
sink

Ff

le facteur
postman
postwoman

la falaise
cliff

la famille
family

le fantôme
ghost

le fauteuil
chair

le fauteuil
armchair

le fauteuil à bascule
rocking chair

la fauteuil roulant
wheelchair

la fée
fairy

la fenêtre
window

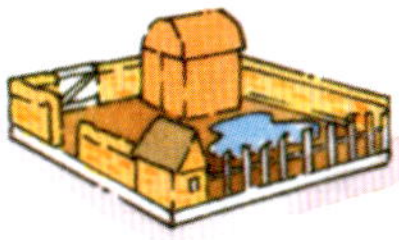

la ferme miniature
toy farm

la fermeture Éclair
zip

le fermier
farmer

le ferry
ferry boat

le feu
fire

le feu de bois
bonfire

la feuille
leaf

les feux (m)
traffic lights

le flamant
flamingo

la flèche
arrow

la fleur en papier
paper flower

les fleurs (f)
blossom

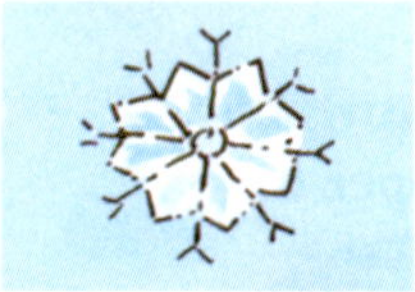

le flocon de neig
snowflake

le foin
hay

le fossé
ditch

le fossile
fossil

le four
oven

la fourche
garden fork

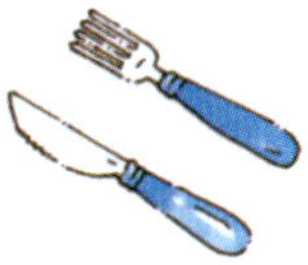

la fourchette
fork

la fourrure
fur

les frites (f)
chips

le fromage
cheese

Gg

le galet
pebble

la gamelle
food bowl

le gant
glove

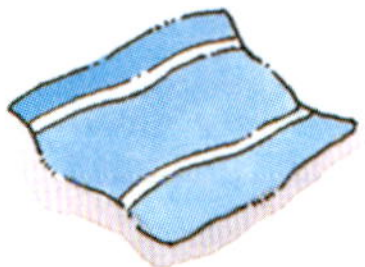
le gant de toilette
flannel

le garage
garage

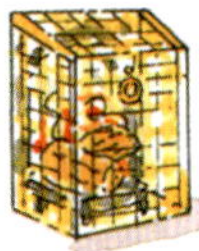
le garde-feu
fireguard

le gardien de parc
park keeper

la gare
station

le gâteau
cake

le géant
giant

la gerbille
gerbil

le gilet
cardigan

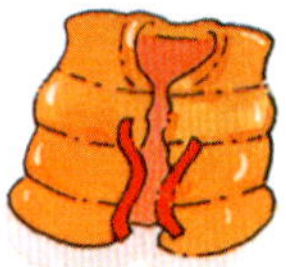
le gilet de sauvetage
lifejacket

la girafe
giraffe

la glace
ice

la glace
ice-cream

le gland
acorn

le gnome
gnome

le gobelet
beaker

le gobelet en carton
paper cup

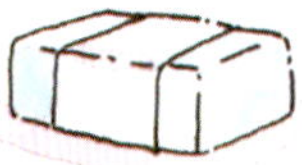
la gomme
rubber

le goudron
tarmac

la gourde
water bottle

grand/grande
tall

la grande cape
cloak

la grange
barn

la griffe
claw

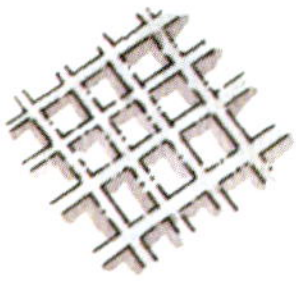
le grillage
wire netting

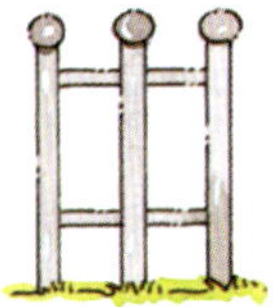
la grille
railing

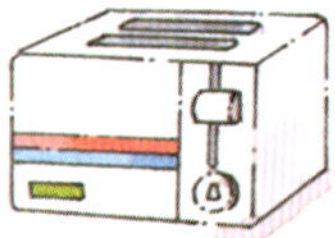

le grille-pain
toaster

gris/grise
grey

gros/grosse
fat

la grotte
cave

la grue
crane

le guépard
cheetah

le guidon
handlebars

la guirlande de papier
paper chain

la guirlande électrique
fairy lights

la guitare
guitar

Hh

le hamburger
hamburger

le hamster
hamster

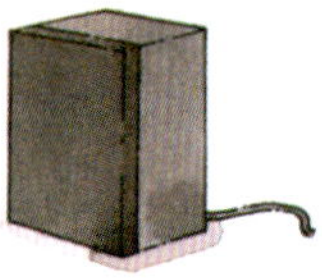

le haut-parleur
loudspeaker

l'hélicoptère (m)
helicopter

le hibou
owl

l'hippocampe (m)
seahorse

l'hippopotame (m)
hippopotamus

l'hiver (m)
winter

le hochet
rattle

le homard
lobster

l'hôpital (m)
hospital

l'horloge (f)
clock

le hot-dog
hot dog

l'hôtel (m)
hotel

l'hôtel (m) de ville
town hall

l'huile (f)
oil

l'huître (f)
oyster

Ii

l'île (f)
island

l'instituteur (m)
l'institutrice (f)
teacher

Jj

le jardin de rocaille
rock garden

le jardin sauvage
wild garden

la jardinière
window box

jaune
yellow

le jean
jeans

la jetée
pier

le jeu de société
board game

la jonquille
daffodil

le journal
newspaper

joyeux/joyeuse
happy

le jeu de construction
building block

la jupe
skirt

le jus
juice

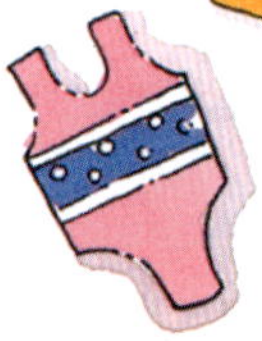

le justaucorps
leotard

Kk

le kangourou
kangaroo

Ll

le lac
lake

le lacet
lace

la laisse
lead

le lait solaire
suntan lotion

le lama
llama

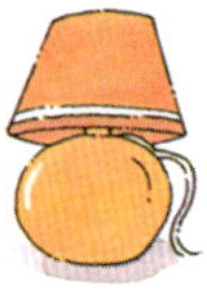

la lampe
lamp

le landau
pram

le lapin
rabbit

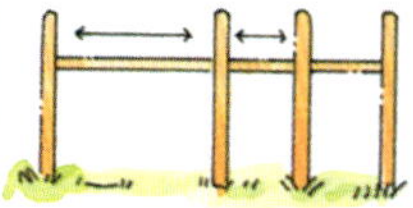

large
wide

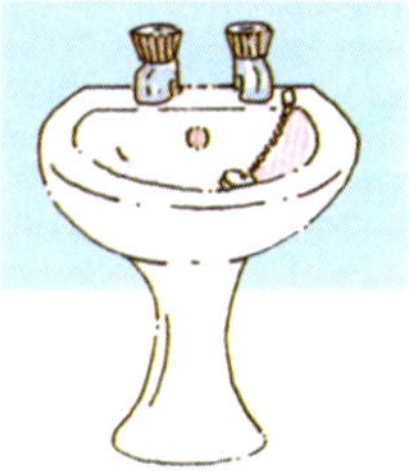

le lavabo
washbasin

le laveur de vitres
window cleaner

le lecteur (m)
la lectrice (f)
reader

le lecteur laser
compact disc player

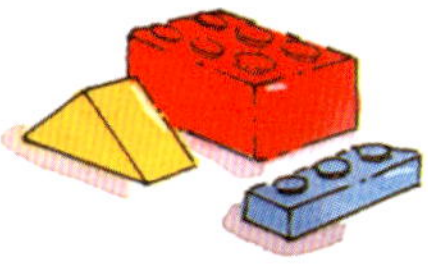

le Légo
Lego

le léopard
leopard

le lézard
lizard

la licorne
unicorn

le lion
lion

le lionceau
lion cub

la lionne
lioness

la litière
bedding

le livre
book

long/longue
long

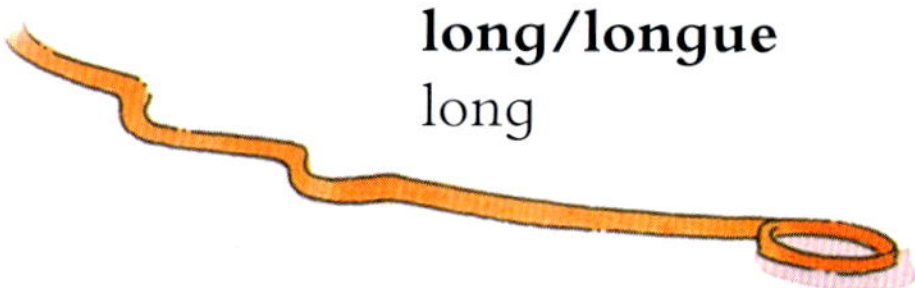

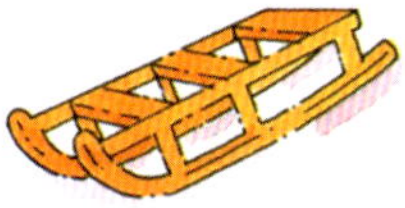

la luge
sledge

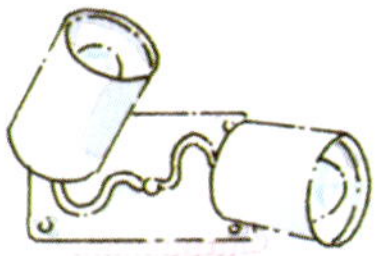

la lumière
light

la lune
moon

la lunette
toilet seat

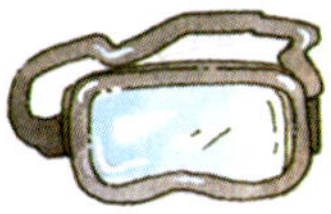

les lunettes (f)
de plongée
goggles

les lunettes (f)
de soleil
sunglasses

Mm

la machine
à laver
washing machine

le maçon
builder

le maçon
bricklayer

le magasin
shop

le magasin
de jouets
toy shop

le magazine
magazine

le magicien
magician

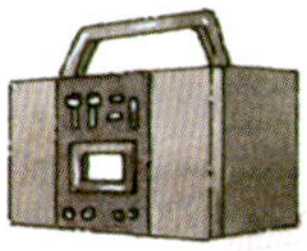

le magnétophon
tape recorder

le magnétoscope
video recorder

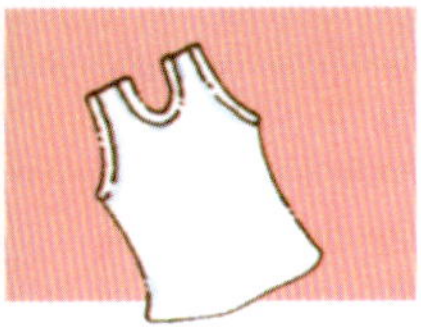

la maillot de corps
vest

la maison
house

la maison de poupée
doll's house

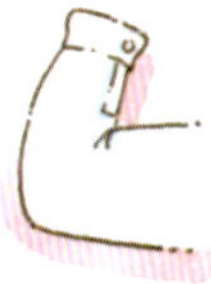

la manche
sleeve

le manche à balai
broomstick

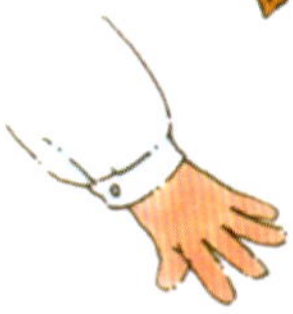

la manchette
cuff

le manège
roundabout

la mangeoire
bird table

le manteau
coat

la maquette
cardboard model

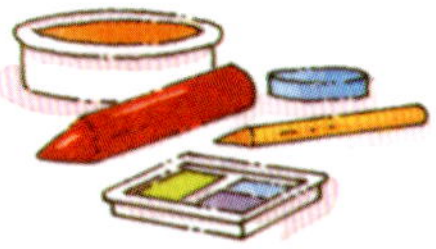

le maquillage
make-up

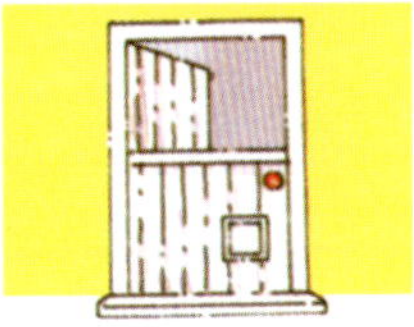

la marche
step

la mare aux canards
duck pond

la margarine
margarine

la marionnette à gaine
glove puppet

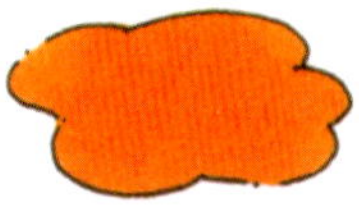

marron
brown

le marteau pneumatique
pneumatic drill

le masque de plongée
face mask

le mât
mast

la mauvaise herbe
weed

la méduse
jellyfish

la mer
sea

le miel
honey

mince
thin

le miroir
mirror

le monstre
monster

la montgolfière
hot air balloon

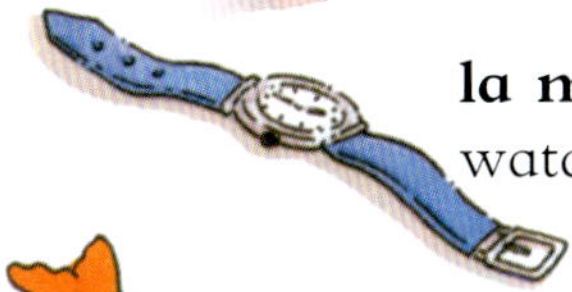

la montre
watch

le morse
walrus

la moto
motorbike

mou/molle
soft

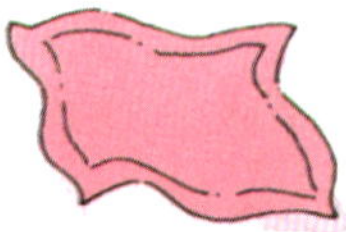
le mouchoir
handkerchief

la mouette
seagull

la moufle
mitten

le mouton
sheep

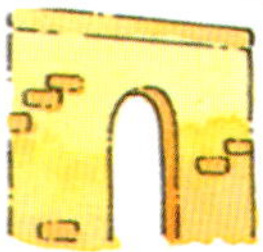
le mur
wall

Nn

la nageoire
fin

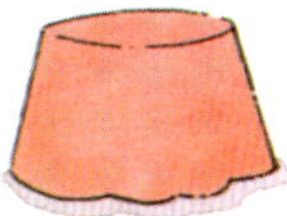
la nappe
tablecloth

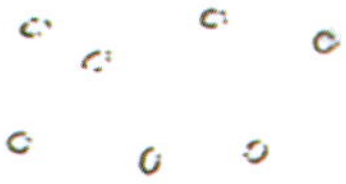
la neige
snow

le nénuphar
waterlily

neuf/neuve
new

le nichoir
nesting box

le nid
nest

le nœud
bow

noir/noire
black

la noix de coco
coconut

la nourriture pour chiens et chats
pet food

Oo

l'œuf (m)
egg

l'oie (f)
goose

l'oignon (m)
onion

l'oiseau (m)
bird

les oiseaux (m) du jardin
garden birds

l'oison (m)
gosling

orange
orange

l'orange (f)
orange

l'ordinateur (m)
computer

l'oreiller (m)
pillow

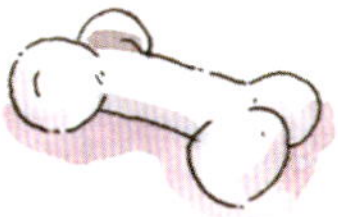

l'os (m)
bone

Pp

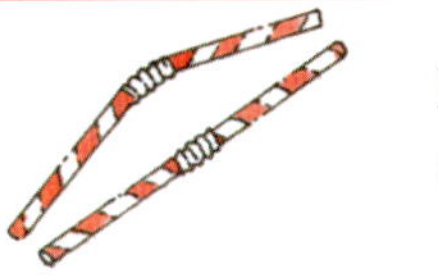

la paille
straw

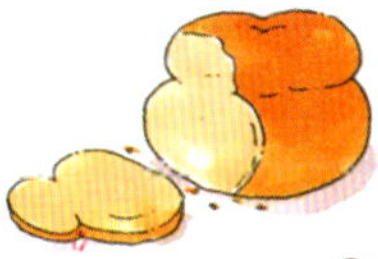

le pain
bread

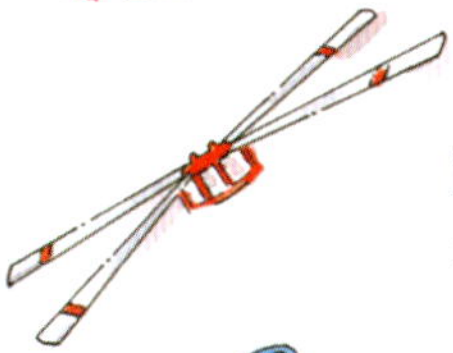

la pale du rotor
rotor blade

la palme
flipper

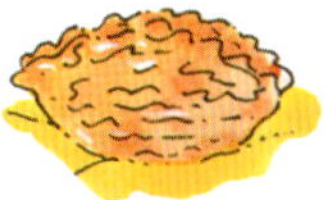

la palourde
clam

le panache
plume

la pancarte
notice

le panier à linge
laundry basket

le panier de pique-nique
picnic basket

le panneau d'affichage
pinboard

la pantoufle
slipper

le papier hygiénique
toilet paper

le parachute
parachute

le parasol
umbrella

le pare-brise
windscreen

le parking
car park

le passage pour piétons
crossing

la pâte à modeler
modelling clay

les patins (m) à roulettes
roller skates

la patte
paw

le pêcheur
angler

la pédale
pedal

la peinture
painting

la peinture
paint

le pélican
pelican

la pelle
spade

la pelleteuse
digger

la pelouse
lawn

la péniche
canal boat

la pente
slope

le perroquet
parrot

la perruche
budgerigar

le pèse-personne
bathroom scales

le petit bateau
toy boat

le petit pois
pea

le petit train
train set

petit/petite
short

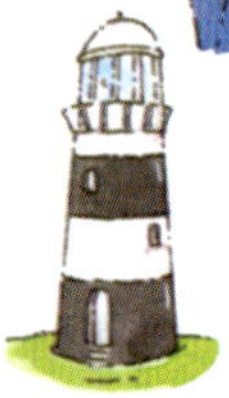
le phare
lighthouse

le phoque
seal

la photographie
photograph

le pichet
jug

la pieuvre
octopus

le pigeon
pigeon

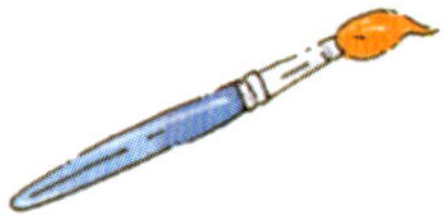
le pinceau
paintbrush

le pique-nique
picnic

le pirate
pirate

le pissenlit
dandelion

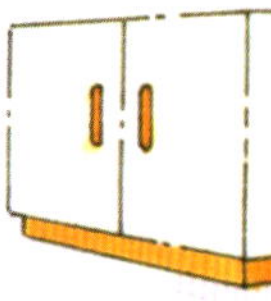
le placard
cupboard

la plage
beach

le plan de trava
worktop

la planche à voile
windsurfer

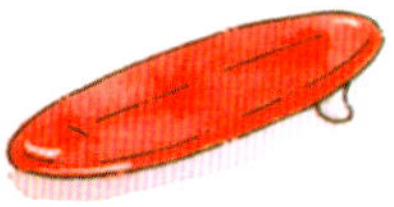
la planche de surf
surfboard

la plate-bande
flower bed

le plongeur
diver

le pneu
tyre

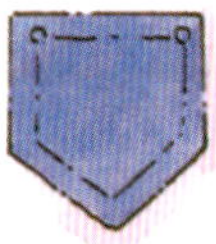
la poche
pocket

la poêle
frying pan

la poire
pear

le poivre
pepper

la pomme
apple

la pomme de terre
potato

la pompe à essence
petrol pump

le pont
bridge

le porcelet
piglet

la porcherie
pig sty

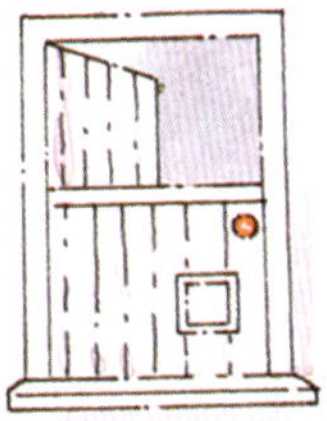
la porte de derrière
back door

le porte-manteau
peg

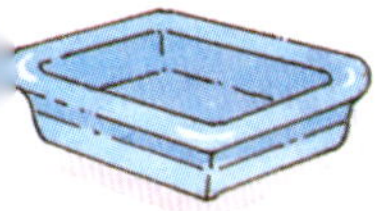
le porte-savon
soap dish

le porte-serviette
towel rail

le pot de fleurs
flowerpot

le poteau télégraphique
telegraph pole

la poubelle
rubbish bin

le poulailler
hen house

le poulain
foal

la poule
hen

la poussette
pushchair

le poussin
chick

la primevère
primrose

le prince
prince

la princesse
princess

le printemps
spring

la prune
plum

le pull
jumper

la punaise
drawing pin

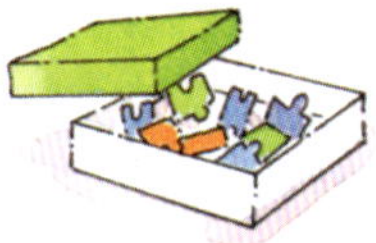
le puzzle
jigsaw puzzle

le pyjama
pyjamas

Qq

le quai
platform

la queue
tail

Rr

le radiateur
radiator

la radio
radio

la raie
ray fish

le raisin
grape

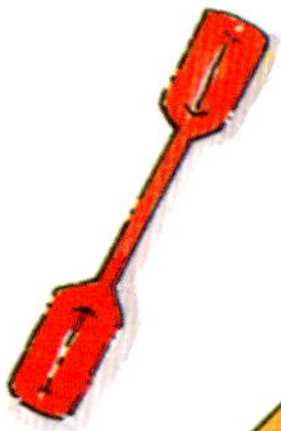

la rame
oar

le râteau
rake

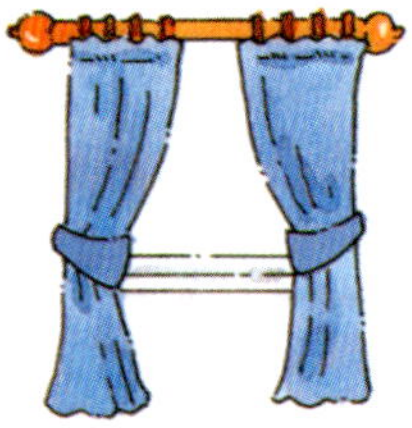

le rebord de fenêtre
windowsill

le rectangle
rectangle

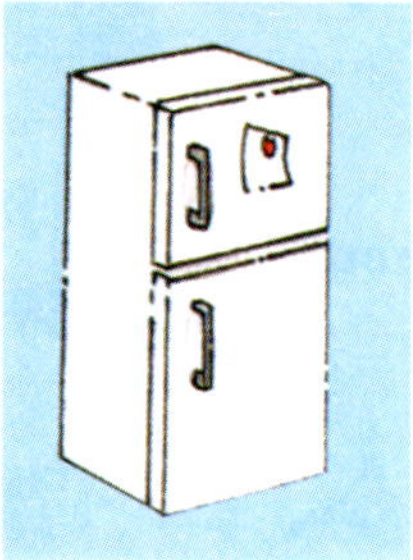

le réfrigérateur
fridge

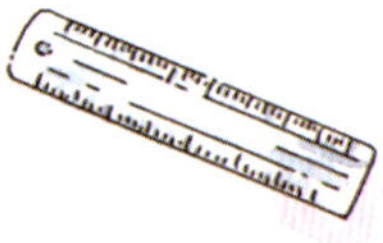

la règle
ruler

la reine
queen

la remorque
trailer

le requin
shark

le réverbère
lamp post

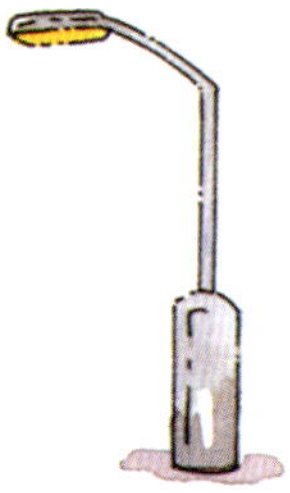

le rhinocéros
rhinoceros

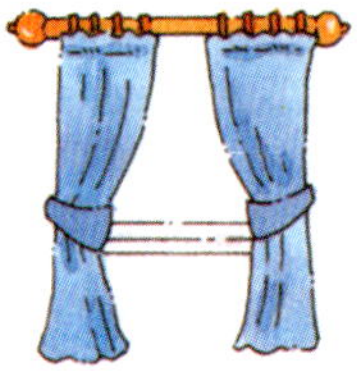

le rideau
curtain

le rideau de douche
shower curtain

la rive
river bank

la rivière
river

le riz
rice

la robe
dress

la robe de chambre
dressing gown

la robe de fête
party dress

la robe-chasuble
pinafore dress

le robinet
tap

le roi
king

la rose
rose

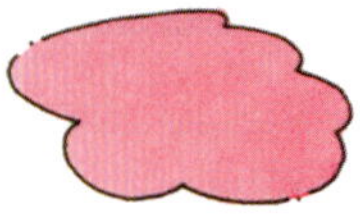
rose
pink

le roseau
reed

la roue
wheel

rouge
red

le rouleau
steamroller

le ruban
ribbon

Ss

le sable
sand

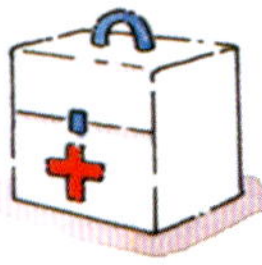
la sacoche de médecin
doctor's bag

le saladier
bowl

la salopette
dungarees

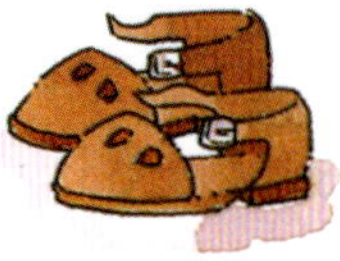
la sandale
sandal

le savon
soap

le scaphandre autonome
aqualung

le seau
bucket

le sel
salt

la selle
saddle

la semi-remorque
articulated lorry

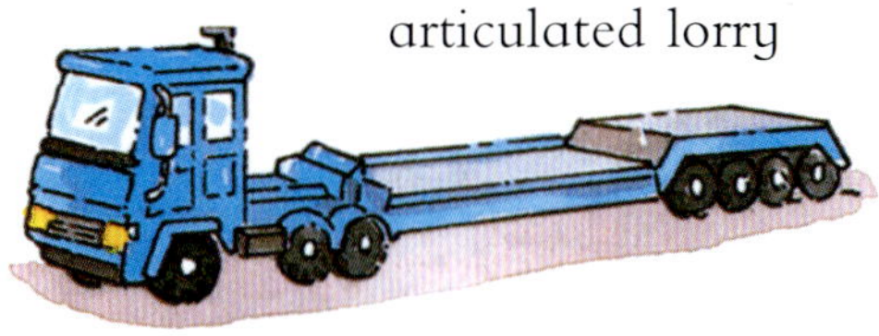

le serpent
snake

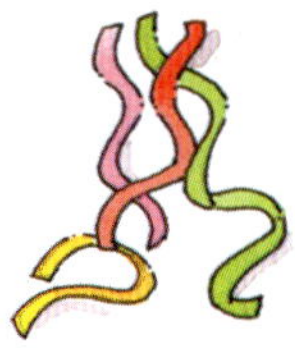
le serpentin
streamer

la serviette de bain
bath towel

la serviette de plage
beach towel

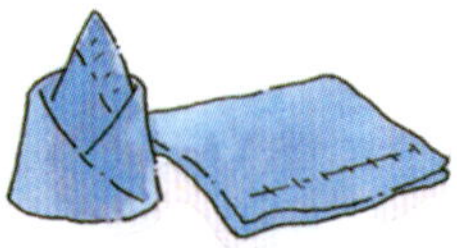
la serviette en papier
paper napkin

le shampooing
shampoo

le sifflet en papier
party squeaker

le singe
monkey

le sirop
squash

le skate-board
skateboard

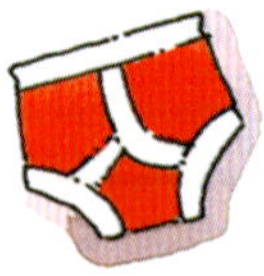
le slip
pants

le soleil
sun

le sommet
top

le sorcier
wizard

la sorcière
witch

la souche d'arbre
tree stump

la soupe
soup

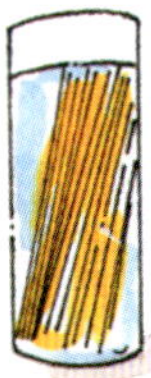

les spaghettis (m)
spaghetti

les spectateurs (m)
audience

la sphère
sphere

la station-service
petrol station

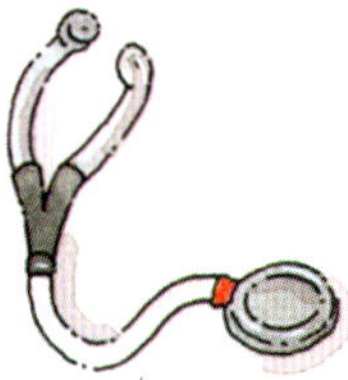

le stéthoscope
stethoscope

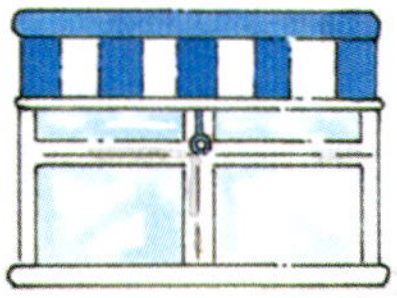

le store
blind

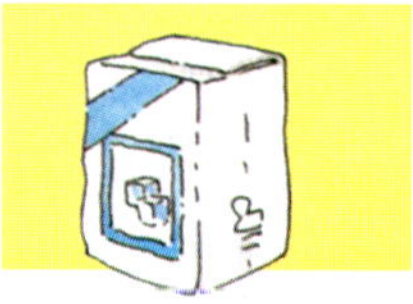

le sucre
sugar

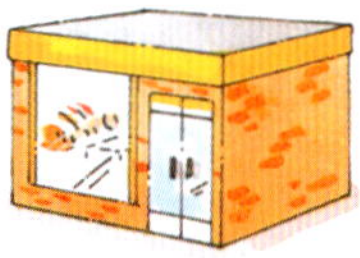

le supermarché
supermarket

le support visuel
flashcard

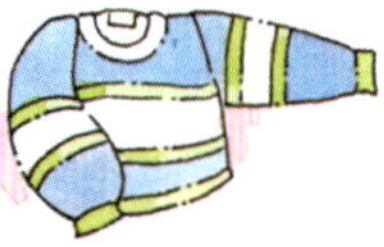

le sweat-shirt
sweatshirt

Tt

le T-shirt
T-shirt

la table
table

la table basse
coffee table

le tableau noir
chalkboard

le tabouret
stool

le tambour
drum

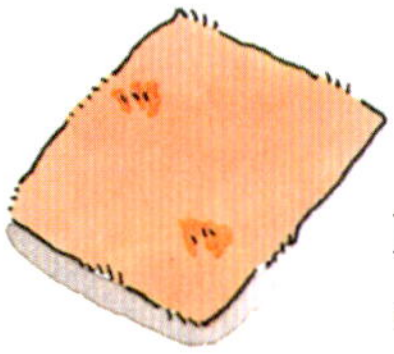

le tapis
carpet

le tapis de bain
bath mat

la tasse
cup

le taureau
bull

le taxi
taxi

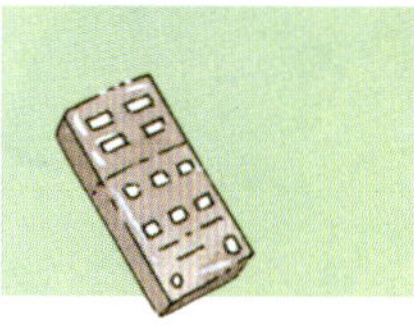

la télécommand
remote control

le téléphone
telephone

la télévision
television

les tennis (f)
trainers

la tentacule
tentacle

la tente
tent

la tenue d'infirmière
nurse's outfit

la tenue de cow-boy
cowboy outfit

la tenue de médecin
doctor's outfit

le Thermos
Thermos flask

le tigre
tiger

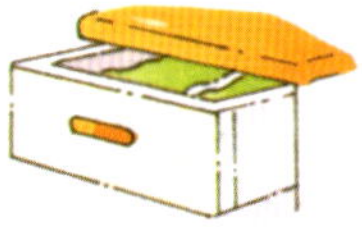

le tiroir
drawer

le toboggan
slide

les toilettes (f)
toilet

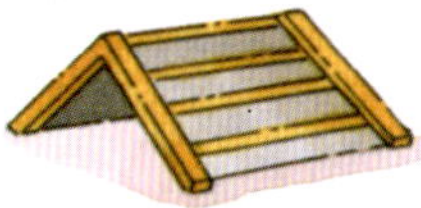

le toit
roof

la tomate
tomato

la tondeuse
lawnmower

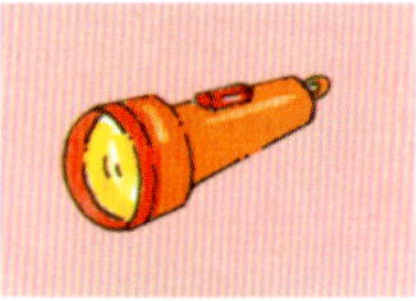

la torche
torch

la tortue
tortoise

la tortue marine
turtle

la tour
tower block

le tourne-disque
record player

le tracteur
tractor

le train
train

le trésor
treasure

le triangle
triangle

le tricycle
tricycle

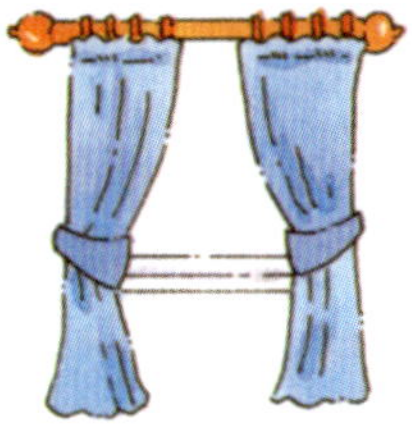

la tringle à rideau
curtain pole

triste
sad

la trompe
trunk

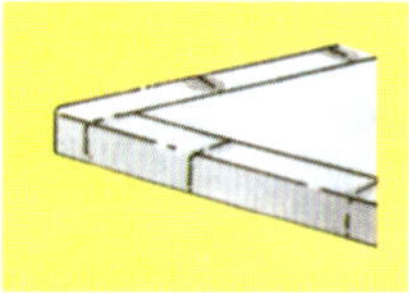

le trottoir
pavement

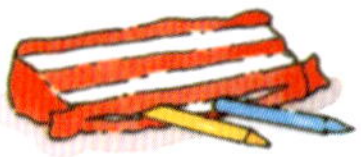

la trousse
pencil case

le tuba
snorkel

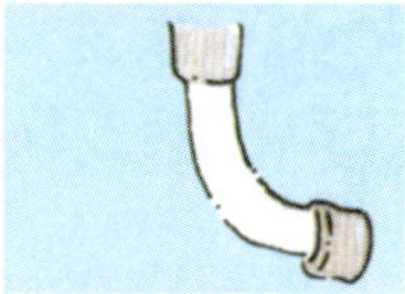

le tube
tube

le tunnel
tunnel

le tuyau d'arrosage
hose

Vv

la vache
cow

la vague
wave

le vaisseau spatial
spacecraft

le vase
vase

le veau
calf

le vélo
bicycle

la ventouse
sucker

le verger
orchard

vert/verte
green

les vêtements (m) de poupée
doll's clothes

la viande hachée
mince

vieux/vieille
old

le vinaigre
vinegar

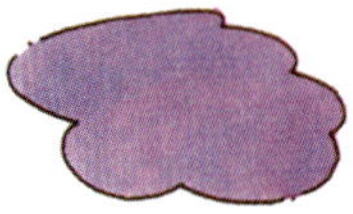

violet/violette
purple

la voile
sail

le voilier
sailing boat

la voiture
car

la voiture de pompiers
fire engine

le volant
steering wheel

Ww

le wagon
carriage

Xx

le xylophone
xylophone

Yy

le yacht
yacht

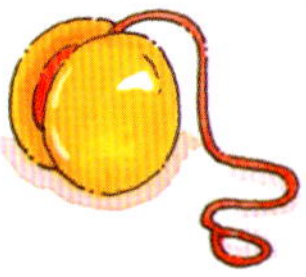

le yo-yo
yo-yo

Zz

le zèbre
zebra